EIN ITALIENISCHER
SOMMER

Rezepte & Geschichten

GABRIELE KUNKEL

EIN ITALIENISCHER
SOMMER

Rezepte & Geschichten

8	DER TRAUM
14	Kleine Häppchen zum Aperitif
20	DIE SUCHE

Antipasti
26 — Rezepte von gefüllten Zucchiniblüten bis Peperoni mit Sardellen

54	Unterwegs bei Nachbarn: Olivenöl
60	12 Tellerchen: speziell für Gäste
68	Kräuterpasten aus dem Zaubergarten
70	Tomatensorten
74	Unterwegs bei Nachbarn: Tomatenpüree

Zuppe, Pane, Pizza
76 — Rezepte von Steinpilzsuppe bis Focaccia

92	FINDEN

Primi piatti
98 — Rezepte von hausgemachter Pasta bis Risotto mit Lardo

120	Unterwegs bei Nachbarn: Trüffel

Secondi piatti
128 — Rezepte von Fischsuppe bis Costata mit Knoblauchöl

170	Kartoffeln & Polenta
176	Unterwegs bei Nachbarn: Wein
182	GEFUNDEN

Dolci
190 — Rezepte von Semifreddo bis Feigentarte

216	Konfitüren

Formaggi
222 — Rezepte von hausgemachter Frischkäse bis gratinierter Schafskäse

228	Unterwegs bei Nachbarn: Käse
231	FINALE
232	Register
240	Impressum

»Che colore, welche Farbe hat der italienische Sommer?«, fragt mich Bruno. Wir sitzen auf seiner Terrasse und schauen auf das Mittelmeer. Aus der Küche weht der Duft von Rosmarin und Tomatensugo. »Blau, blu«, antworte ich.

Bruno sieht mich tadelnd an. »Blu? Und was sagst Du zur Farbe des Weines, der Zitronen oder dieser Peperoni? Zum Lachen der Menschen oder der herrlichen Pasta? Und zur Süße. Probiere diese Tomate.« Er hält mir eine knallrote Frucht hin. »Es sind die Strahlen der Sonne, die Du schmeckst. Also welche Farbe hat der Sommer, Gabriella?«

In diesem Moment muss sie sich wohl in mein Herz gepflanzt haben, die immerwährende Sehnsucht nach dem italienischen Sommer. Die Sehnsucht nach sonnengereiften Tomaten und üppigen Märkten, die vor Gemüse nur so strotzen. Danach, aus ihnen herrliche Sugos zu zaubern. Nach selbst gemachter Pasta, Pizza und Dolce. Nach all diesen sinnlichen Genüssen, den lauen Nächten, in denen die Grillen zirpen und das Leben so einfach ist.

Und wenn die Tage dann mal richtig grau sind, das Leben zu schnell rennt und die Uhr tickt, öffne ich ein Glas mit meinen selbst eingemachten Tomaten und hole den italienischen Sommer zurück an meinen Tisch.

»Alle«, sage ich.

Gabriele Dinkel

IL SOGNO
Der Traum

Ein kalter März. Die ersten Sonnenstrahlen. Wir sitzen irgendwo in Deutschland. Draußen und mit der Heizung unterm Tisch. Wein und Frühlingsgefühle. Da und dort einige Schneeglöckchen, Krokusse, Forsythien. Auch schön, aber wir träumen von dem Land, in dem die Zitronenbäume blühen. Erzählen uns Geschichten von der Leichtigkeit des Seins, dem allerersten Cappuccino nach dem Brennero. Dem Mare und der Luft, die vor Sonnenöl nur so trieft. Später dann, in der winzigen Küche des kleinen Hauses irgendwo in Deutschland, gestehen wir uns unseren Traum. Den Traum von einem Haus in Italien. Hol einen Bleistift, ein Blatt Papier. Und noch mehr Wein!

DER TRAUM | IL SOGNO

Und so beginnen wir, es zu planen, zu skizzieren, zu bauen: unser Traumhaus. Mit einer richtigen Cucina und einer großen Kochstelle. Mit einer Dachterrasse mit Blick über das Tal, das der Vollmond erhellt. Dem Weinkeller mit edlen Tropfen oder aber auch nur einem einfachen, ehrlichen Wein der Cantina um die Ecke. Olivenbäume natürlich und ein Bach, der durch das Grundstück fließt – direkt am Wald, in dem die Wildschweine grunzen und im Sommer Glühwürmchen schweben. Einen Giardino, in dem die besten und süßesten Tomaten wachsen und das Basilikum wuchert.

»Ligurien«, sagt Charly, »da ist es auch im Winter mild. Oder die Toskana.«

Was dann übrig bleibt, sind leere Gläser und das Papier, das unsere Träume festhält, verwahrt und später doch nur in einer Schublade verschwindet.

Charly bringt sie mit. Eine blaue Papiermappe von einem Makler in Ligurien: zehn, zwölf Häuser, alle zum Restaurieren. Wir übersetzen und träumen weiter: Das könnte etwas sein. Oh, schau mal! Wir fahren mit dem Finger die Landkarte nach. Meerblick, wer weiß? Dachterrasse? Bach? Wir sind flexibel! Aber vielleicht ein kleiner italienischer Ort, verschont von Touristenscharen, wo die Mamma in der Küche der Trattoria das herrlichste Tomatensugo der Welt rührt und es mit selbst gemachter Pasta auf den Tisch bringt? Ich kann es riechen. Dreißigtausend. Eigentlich kein Preis für unseren Traum. Aber es sind Dreißigtausend, die keiner von uns hat.

Kein Haus in Italien. Dann wenigstens Italien in Deutschland. Eine große Cucina mit Terracottafliesen. Wir bauen um!

Charly zieht auf den Johanneshof, der über der Stadt thront. Er baut Tomaten an. Und auch Rucola. Reinhart und ich sitzen auf unserer Terrasse, trinken Vino und kochen Spaghetti auf unserem original italienischen Gasherd. Ich habe einen Zitronenbaum gekauft, der blüht und die Terrasse mit seinem Duft erfüllt. Manchmal sitzen wir auch vorm Computer und strapazieren die Suchmaschinen: Immobilien Italien. Wir schauen uns Bilder an, suchen. Jedes Objekt beflügelt die Fantasie.

Aber warum denn nach Italien? Ist doch auch hier schön.

APERI-CENA
Häppchen zum Aperitif

»Un martini bianco, prego.« Mit viel Eis und Zitrone. Eiskalt. Ja bitte, den süßen. Unbedingt den süßen! Irgendwo in einer Bar stehen, in Firenze auf der Ponte Vecchio oder in Portofino direkt am Meer. Das Zischen der Espressomaschine im Hintergrund, das Geklappere der Tassen. Sich von der blanken Edelstahltheke umdrehen und aufs Meer schauen. Blau, nachtblau, und die Sonne sinkt gerade.

Dann den ersten Schluck nehmen und die kalte, süße Flüssigkeit den Gaumen hinunterrollen lassen. In ein kleines Stück Focaccia beißen, ein paar Oliven naschen, ein Crostini mit einer Creme aus Tomaten, Sardellen und Kapern essen.

Einen kleinen Snack gibt es nämlich zum Aperitivo immer dazu. Denn man trinkt in Italien nicht, ohne auch etwas zu essen.

In manchen Regionen hat man diesen Brauch ausgeweitet und lädt zum »Aperi-cena« ein. Da gibt es dann zum Prosecco, Spritz oder Martini eine Vielzahl von kleinen Speisen, die man aus der Hand isst. Danach kann man allerdings das Cena, das eigentliche Abendessen, vergessen! Denn je nach Gastgeber wird das italienische Menü einmal in Mini-Portionen durchgespielt.

Frittata di spinaci
Spinatfrittata

Die Frittata ist eine Art Omelett, wird mit Eiern, Kräutern oder Gemüse zubereitet, kalt oder warm gegessen. Es gibt sie in den unterschiedlichsten Variationen: etwa mit frischem Thymian oder Rosmarin, Zucchini, Zwiebeln, Kartoffeln oder gemischtem Gemüse – je nachdem, was die Jahreszeit so hergibt.

Für 4 Personen
Zubereitungszeit: ca. 45 Min.
Pro Portion: ca. 300 kcal

500 g Blattspinat
2 Knoblauchzehen
6 EL Olivenöl
4 Eier (Größe M)
50 g frisch geriebener Parmesan
Salz | Pfeffer aus der Mühle
1 EL Butter
Balsamico bianco zum Beträufeln

1 Spinat sorgfältig waschen und putzen, dicke Stängel entfernen. Knoblauch schälen und klein hacken. In einem großen Topf 4 EL Öl erhitzen, darin den Knoblauch andünsten. Den Spinat tropfnass dazugeben und bei geringer Hitze mitdünsten, bis die Blätter zusammengefallen sind. Aus dem Topf nehmen, in einem Sieb abtropfen lassen und möglichst klein hacken.

2 In einer Schüssel Eier und Parmesan verquirlen, den Spinat unterrühren. Die Mischung kräftig mit Salz und Pfeffer würzen. Das übrige Öl und die Butter in einer großen beschichteten Pfanne erhitzen. Ei-Spinat-Mischung hineingeben und bei geringer Hitze stocken lassen, bis die Unterseite goldbraun ist und sich vom Boden löst. Das kann je nach Pfannengröße bis zu 10 Min. dauern. Einen großen Teller auf die Pfanne legen, beides zusammen umdrehen und die Frittata vom Teller wieder in die Pfanne gleiten lassen. Auch die zweite Seite goldbraun braten.

3 Frittata aus der Pfanne nehmen, in kleine Stücke schneiden und auf einem Teller anrichten. Mit etwas Balsamico beträufeln, servieren.

Noci tostate
Geröstete Nüsse mit Knoblauch, Peperoni und Rosmarin

»Buono«, sagt Luca, wirft sich eine Nuss in den Mund und fragt: »Was ist drin?« »Un segreto, ein Geheimnis«, sagt Reinhart. Und damit er dieses Geheimnis nicht immer wieder verraten muss, hier das Rezept:

Für 4 Personen
Zubereitungszeit: ca. 10 Min.
Pro Portion: ca. 295 kcal

1 kleine rote Peperoni
1 große Knoblauchzehe
1 kleiner Zweig Rosmarin
6 schwarze Pfefferkörner
200 g geröstete, gesalzene Cashew- oder Erdnüsse

1 Die Peperoni waschen und entstielen, den Knoblauch schälen, beides klein schneiden. Rosmarin abbrausen und trocken schütteln, die Blättchen abzupfen und grob hacken. Die Pfefferkörner im Mörser grob zerstoßen.

2 Die Nüsse trocken in einer Pfanne bei mittlerer Hitze in ca. 5 Min. goldbraun rösten. Dabei ständig wenden, damit sie nicht anbrennen. Peperoni, Knoblauch und Pfeffer dazugeben. Sobald der Knoblauch goldgelb geröstet ist, die Pfanne vom Herd nehmen und den Rosmarin untermischen. Die Nüsse kalt werden lassen und auf einem Teller anrichten.

Crostini-Variationen

Crostini sind eigentlich ein Resteessen. Man macht sie aus 2 Tage altem Weißbrot. Dünne, ca. 1 cm dicke Brotscheiben werden mit etwas Olivenöl beträufelt und im 180 °C heißen Backofen (Ober- und Unterhitze) in ca. 15 Min. goldbraun geröstet. Man kann von den Crostini-Brotscheiben auch mehr machen, sie halten sich prima, wenn sie sehr gut in einem Gefrierbeutel verpackt werden. Alle Crostini hier sind für 4 Personen (16 Stück).

Crostini mit weißer Bohnencreme

500 g frisch gepalte weiße (Canelli-)Bohnen in einen Topf geben und drei Finger breit mit Wasser bedecken. 1 ungeschälte Knoblauchzehe andrücken, zusammen mit 2 Lorbeerblättern und Salz dazugeben. Bei mittlerer Hitze ca. 20 Min. kochen lassen. Dabei immer wieder Wasser nachgießen, sodass die Bohnen damit bedeckt bleiben. Bohnen zwischendurch mal probieren. Sie sollten schön weich sein, gegebenenfalls länger kochen. Die fertigen Bohnen abgießen und im Mixer pürieren (ohne Knoblauch und Lorbeer), dabei nach und nach so viel Olivenöl dazugießen (ca. 120 ml), dass eine dickliche Creme entsteht. 100 g Mascarpone unterrühren, mit Salz und Pfeffer würzen. Die Creme für ca. 2 Std. kalt stellen.
4 Knoblauchzehen schälen und nur grob hacken. Etwas Sonnenblumenöl in einem kleinen Topf erhitzen und darin die Knoblauchstücke goldbraun frittieren. Herausnehmen, auf Küchenpapier abtropfen lassen. 4 Scheiben rohen Schinken (z. B. San Daniele oder Parma) vierteln. Je 1 Schinkenviertel auf 1 Brotscheibe legen. Mit Bohnencreme bestreichen und mit den frittierten Knoblauchstückchen bestreuen. Tipp: Statt mit den frischen Bohnen kann man die Creme auch gut mit getrockneten Bohnenkernen zubereiten. Diese einfach mindestens 12 Std. – am besten über Nacht – einweichen und ca. 1 Std. kochen. (Im Dampfkochtopf dauer es nur ca. 12 Min.)

Crostini mit Sardellen und Tomaten

10 Sardellen (ohne Köpfe, aber mit den Gräten) waschen und trocken tupfen. 3 Fleischtomaten (z. B. Cuore di bue) waschen und grob würfeln, dabei die Stielansätze herausschneiden. 1 Knoblauchzehe schälen, klein schneiden und mit der flachen Seite des Küchenmessers zu Mus zerdrücken. 1 frisches Lorbeerblatt sehr fein hacken. 2 EL Olivenöl in einer Pfanne erhitzen und darin die Sardellen ca. 2 Min. auf jeder Seite anbraten, herausnehmen. Die Tomatenstücke im Fischöl ca. 5 Min. andünsten. Die Flüssigkeit muss weitgehend verkocht sein, ansonsten abschöpfen. Die Sardellen klein hacken, zu den Tomaten geben und kurz zusammen schmoren. Knoblauch und Lorbeerblatt dazugeben, mit Salz, Pfeffer und Zucker abschmecken. Die Mischung auf den Brotscheiben verteilen.

Crostini mit Lebercreme

2 Knoblauchzehen schälen. Von 2 Frühlingszwiebeln das dunkle Grün und die Wurzeln abschneiden. Zwiebeln waschen und mit dem Knoblauch sehr fein hacken. 250 g Hühnerlebern waschen, trocken tupfen. 3 EL Öl in einer Pfanne erhitzen und darin die Hühnerlebern von beiden Seiten je ca. 2 Min. anbraten. Aus der Pfanne nehmen. Zwiebeln und Knoblauch in dem Bratsatz andünsten, mit 2 EL Sherry ablöschen. 2 Leberstücke klein würfeln, den Rest mit dem Bratsud in eine Schüssel geben und mit dem Pürierstab fein pürieren. Abkühlen lassen. 100 g Mascarpone unterrühren und die gewürfelten Leberstücke unter die Masse heben. Für ca. 2 Std. kalt stellen. Die Brotscheiben mit der Lebercreme bestreichen.

Crostini mit Schinkencreme

Je 150 g gekochten und rohen italienischen Schinken in kleine Streifen schneiden und in einer Schüssel mit 50 ml Portwein 30 Min. marinieren. Dann mit dem Pürierstab fein pürieren. 150 g Ricotta unterrühren, mit Salz und Pfeffer abschmecken. Die Brotscheiben mit der Schinkencreme bestreichen.

LA RICERCA
Die Suche

Wir haben eine kleine Ferienwohnung in den Häuserschluchten der italienischen Riviera gemietet. Vom Balkon aus kann man das Meer sehen. Über uns streitet ein Pärchen, auf dem Hof schreien Kinder, nebenan föhnt sich jemand die Haare. Aber wir sind glücklich, denn wir wollen in drei Tagen »unser« Traumhaus ansehen.

Am Abend essen wir in einem kleinen Restaurant. Durch einen Maschendrahtzaun schimmert die See in weiter Ferne. Es gibt keine Karte, der Chef kocht nur für uns. Die Nudeln sind in Ordnung, der Fisch ganz gut, aber bei der Rechnung verschlägt es uns den Atem. Da ist der Aufpreis für die deutsche Sehnsucht nach italienischer Romantik mehr als drin.

Noch zwei Tage. Vielleicht könnten wir ja den Termin vorverlegen. Mit dieser Unruhe kann man Italien doch gar nicht richtig genießen. Reinhart ruft an. Nein, leider nicht. Dann halt noch zwei Tage Vorfreude.

Wir kochen jetzt selbst. In den kleinen Läden im Ort spricht man Deutsch. Eine junge Familie hat sich ihren Traum vom italienischen Casa schon erfüllt. Wir sehen sie jeden Abend, wenn sie nach Hause kommen von »i lavori«, der Arbeit am Haus. Mutter, Vater, zwei Kinder.

»Wir kommen im Urlaub immer her. Haben ein Apartment gemietet und renovieren unser Haus«, erzählen sie.

Wollen wir das tatsächlich? In jedem Urlaub der kommenden Jahre immer wieder Speis anmischen und Erdhaufen bewegen?

Am Abend vor dem großen Tag steht eine ältere Signora vor unserer Tür und hat einen großen Korb mit Gemüse in der Hand.

»Per Lei«, sagt sie. Oh grazie! Das ist wirklich italienisch. So nett!

Das war mal ihre Wohnung, verrät sie. Sie kann sie sich aber nicht mehr leisten, seit das Dorf von Touristen entdeckt wurde. Wir trinken ein Glas Vino. Dann geht sie.

Endlich ist Donnerstag. Natürlich sind wir viel zu früh. Stehen schon um Punkt drei vor dem kleinen Immobilienbüro in Portofino und drücken uns die Nase am Schaufenster platt. Um viertel nach drei hält ein Cinquecento mit französischem Nummernschild vor dem Büro. Nett, dass sie wegen uns etwas früher kommt. Aber bevor wir die Signora an der Tür einholen können, ist diese auch schon wieder geschlossen. Sie hat uns einfach nicht gesehen. Reinhart ruft an. Nein, sagt Madame, wir müssen uns noch gedulden. Der Termin sei um halb vier! Wir Deutschen halt.

So gehen wir die Uferpromenade noch mal hoch und runter. Und runter und hoch. Endlich ist es halb vier und das Allerheiligste wird geöffnet. Hier liegt der Schlüssel zum Haus, zum Traum!

Die Maklerin telefoniert. Wir laufen im Büro hoch und runter.

Dann ist sie fertig. Leider, so sagt sie, kann sie an diesem Nachmittag keine Besichtigungen durchführen. Sie sei von einer Biene gestochen worden, und hält uns demonstrativ das geschwollene Handgelenk hin.

»Morgen! Vielleicht morgen?«, sagt sie. Aber morgen fahren wir zurück nach Deutschland!

Für die Adresse des Hauses sind wir bereit, vor ihr auf die Knie zu fallen. Reinhart kämpft hart. Wir unterschreiben alles. Dann erklärt sie uns den Weg. 2000 Quadratmeter, sagt sie, wunderschön gelegen, mit einem Bach an der Grundstücksgrenze und ein Pfirsichhain, Olivenbäume. Strom gibt's beim Nachbarn, und es sind nur rund zehn Kilometer zum Meer. Wir sind paralysiert. 75 000 Euro sind doch nicht zu viel für einen Traum. Restauriert muss es werden, klar, bei dem Preis. Wir sehen uns schon auf der Terrasse sitzen, süße Pfirsiche essen und dem Rauschen des Baches lauschen.

Dann schlängeln wir uns die Serpentinen hoch, vorbei an in Fels gebauten Dörfern, Olivenhainen, Orangen, Zitronen, höher und höher hinaus und hinein in die ligurische Schlucht. Wolken ziehen auf. Nach einem Erdrutsch 500 Meter, dann rechts über eine Brücke, hatte die Maklerin erklärt. Den Erdrutsch finden wir: Tonnen von Erde sind den Berg hinuntergedonnert und haben einen Teil der Straße unter sich begraben. Nach etwa einem Kilometer sehen wir endlich das Haus, halten unser Internetbild neben die Realität. Das soll es sein? Ein versumpfter Bach und verdammt viele Mücken. Die Pfirsichbäume sind einen Meter hoch und verdecken das Rustico. Ja, das muss es sein! Aber von wo ist es aufgenommen? Auf unserem Foto sieht das Haus groß aus, also normal groß – wie ein Haus eben. In der Realität fängt der zweite Stock bei meiner Kopfhöhe an. Wo soll denn der Nachbar sein? Unser Hund Ronya findet das Haus toll und sagt: Kaufen! Aber 75 000 Euro für ihre Hundehütte? An einem Mückentümpel, irgendwo im Niemandsland der ligurischen Küste. Zahlt dafür tatsächlich jemand Geld? Den Rest der Rückfahrt schimpfen wir. Dann lachen wir. Am nächsten Tag packen wir unsere Sachen. Bloß weg hier!

Wir waren in Frankreich. Wir waren in Tschechien. Wir sind in Italien von oben nach unten und von rechts nach links gereist. Im Friaul brauchte man wieder sehr viel Fantasie und vor allen Dingen Potenzial. Das Haus in der Toskana haben wir uns nicht angesehen, denn wir hatten Geduld und weitere Bilder angefordert, bevor wir losgefahren sind.

Wir surften im Internet und verbrachten so manchen Sonntag damit, die angebotenen Rusticos durchzuchecken. Beim Lago di Como wurden wir mal wieder fündig. Ein Casa mit Seeblick. Komm, das schauen wir uns an!

Samstagmorgen geht's los. Schöne Gegend. Schneebedeckte Berge. Es ist erst Februar. Der Termin mit dem Immobilienbüro steht. Wir sind zu früh, aber hier ist das kein Problem. Wegen des Objekts kommen wir. Wir hatten angerufen.

Oh, scusi, da ist uns ein Fehler unterlaufen, das Haus hat gar keinen Seeblick. Nein? Und es liegt weit im Hinterland. Aber er könne uns andere Objekte zeigen. Natürlich nicht so preiswert: briefmarkengroße Grundstücke an Straßenkehren mit einer Ruine drauf. Seeblick, ja klar: Der See liegt hinter der dampfenden Motorradfabrik Cagiva. Oder vielleicht eine »Porzione di una casa«? Im Vorgarten des Besitzers direkt neben dem Hühnerstall. Aber mit etwas Kreativität hätte es doch unglaubliches Potenzial. Oder?

Wo waren die Häuser, Natursteinvillen, Rustici, die man in den ganzen Hochglanzmagazinen sah? Jetzt war Schluss! Kein Haus. Nicht in Italien oder anderswo. Für das gesparte Geld können wir bis ans Lebensende jede Art von Luxusurlaub genießen.

Schluss! Basta! Aus! Finito!

Antipasti

ANTIPASTI

Bastkörbe voller gelber Zucchiniblüten schmücken im Sommer die Marktstände. Ein Euro für zwölf Stück. Und bevor ich wusste, dass man die Blüten auch essen kann, hab ich sie mit nach Hause genommen und in eine Vase gestellt. Vielleicht wollte man sich ja ursprünglich mit der Ernte der Blüten vor der unweigerlichen Zucchiniplage schützen und entdeckte dabei das feine Aroma.

Fiori di zucchine ripieni

Gefüllte Zucchiniblüten

Für 4 Personen
Zubereitungszeit: ca. 35 Min.
Pro Portion: ca. 525 kcal

Für die Blüten:
1 EL Kapern (in Salz)
8 Zucchiniblüten (auch fein: Kürbisblüten)
100 g gekochter Schinken
200 g Ricotta
Salz | Pfeffer aus der Mühle
2 Eier (Größe M)
100 g Semmelbrösel
Sonnenblumenöl zum Braten

Für die Mayonnaise:
2 gelbe Paprikaschoten
80 ml Olivenöl
½ TL Senf
3 TL frisch gepresster Zitronensaft
Salz | Pfeffer aus der Mühle

Für den Salat:
1 rote Paprikaschote
2 EL Olivenöl
1 Knoblauchzehe
2 EL frisch gepresster Zitronensaft

1 Den Backofengrill vorheizen. Für die Blüten die Kapern in ein Sieb geben und das Salz gründlich abspülen. Kapern danach in einer Schüssel in kaltem Wasser wässern, bis sie gebraucht werden.

2 Inzwischen für die Mayonnaise gelbe Paprikaschoten längs halbieren, putzen, waschen und mit der Hautseite nach oben auf ein Backblech legen. Unterm Grill (oben) 15–20 Min. rösten, bis die Haut schwarze Blasen wirft. Aus dem Ofen nehmen und mit einem nassen Tuch abdecken. Wenn die Paprika lauwarm ist, die Haut abziehen. Paprika klein schneiden und mit der Hälfte des Olivenöls im Mixer pürieren. Dann nach und nach restliches Öl dazugeben. (Nur so viel verwenden, dass eine dickliche Creme entsteht.) Mit Senf, Zitronensaft, Salz und Pfeffer würzen. In den Kühlschrank stellen.

3 Zwischendurch für den Salat rote Paprikaschote längs halbieren, putzen, waschen und in kleine Würfel schneiden. In ein Schälchen geben und mit dem Olivenöl beträufeln. Knoblauch schälen und dazupressen, Zitronensaft dazugeben und untermischen. Kalt stellen.

4 Die Zucchiniblüten vorsichtig abbrausen und abtropfen lassen. Kapern in einem Sieb abtropfen lassen, fein hacken. Den Schinken klein würfeln und mit Ricotta und Kapern verrühren, mit Salz und Pfeffer abschmecken.

5 Ricottamasse in einen Spritzbeutel mit Lochtülle geben und die Zucchiniblüten damit füllen. Eier in einem tiefen Teller mit einer Gabel verquirlen, Semmelbrösel ebenfalls auf einen Teller geben. Die Zucchiniblüten zuerst durch die Eier ziehen, dann in den Semmelbröseln wälzen.

6 In einer großen beschichteten Pfanne reichlich Sonnenblumenöl erhitzen. Darin die Zucchiniblüten bei mittlerer Hitze in etwa 5 Min. rundherum goldbraun braten. Mit Paprikasalat und Paprikamayonnaise anrichten.

Torta di zucchini di nonna Carla
Zucchinitorte nach Großmutter Carlas Art

Lucas Nonna Carla ist eine fantastische Köchin vom alten Schlag. Wenn sie kocht, kann man nur hoffen, mitessen zu dürfen. Neben selbst gemachter Pasta zaubert sie auch diese »Torte salate« auf den Tisch. Der Raschera, den sie verwendet, wird ausschließlich aus Kuhmilch hergestellt, die auf Almweiden oberhalb von 1400 Metern gemolken wird. Es gibt ihn jung und feinwürzig oder kräftig bis fast scharf (stagionato).

Für 6 Personen
Zubereitungszeit: ca. 40 Min.
Backzeit: ca. 1 Std.
Pro Portion: ca. 765 kcal

1 kg Zucchini
2 Knoblauchzehen | 4 EL Olivenöl
1 fertig ausgerollter Blätterteig
   (275 g, aus dem Kühlregal)
150 g junger Raschera (alternativ:
   junger Tiroler Bergkäse)
12 Zucchiniblüten
250 g Ricotta | 250 g Mascarpone
6 Eier (Größe M)
70 g Semmelbrösel
Salz | Pfeffer aus der Mühle

1 Zucchini waschen, putzen und auf einer Gemüsereibe grob raspeln. Den Knoblauch schälen, fein hacken und in einer großen Pfanne in 2 EL Öl andünsten. Zucchini dazugeben und bei geringer Hitze ca. 10 Min. dünsten.

2 Inzwischen den Backofen auf 180 °C (Ober- und Unterhitze) vorheizen. Eine Springform (28 cm Ø) mit übrigem Öl einfetten, Boden und Rand der Form mit Blätterteig belegen. Der Rand sollte ca. 6 cm hoch sein. Raschera fein reiben. Die Zuchiniblüten vorsichtig abbrausen und trocken schütteln.

3 Ricotta, Mascarpone und die Eier mit dem Schneebesen glatt verrühren. Dann Semmelbrösel, Raschera, Salz und Pfeffer untermengen. Zum Schluss die Zucchiniraspel unterheben. Die Ricottamasse in die Springform füllen und darauf die Zucchiniblüten im Kreis anordnen. Mit Alufolie abdecken und die Torte im Ofen (Mitte) 30 Min. backen. Die Folie abnehmen und die Torte noch weitere 20–30 Min. backen. Mit einem Holzstäbchen in die Masse stechen. Wenn nichts mehr kleben bleibt, ist der Kuchen fertig.

Torta di pomodori
Tomatentarte

Für 4 Personen
Zubereitungszeit: ca. 20 Min.
Backzeit: ca. 25 Min.
Pro Portion: ca. 540 kcal

500 g sonnengereifte Tomaten
1 Zweig Rosmarin | 2 EL Olivenöl
100 g roher Schinken in Scheiben
   (z. B. Parma oder San Daniele)
100 g Ricotta | 50 g Pinienkerne
1 fertig ausgerollter Blätterteig
   (275 g, aus dem Kühlregal)

1 Backofen auf 200 °C (Ober- und Unterhitze) vorheizen. Tomaten waschen und jeweils oben großzügig einen »Deckel« abschneiden. Die Tomaten mit einem Teelöffel aushöhlen. Rosmarin abbrausen, trocken schütteln und die Blättchen abzupfen. Eine flache Auflaufform (28 cm Ø) mit Öl einfetten.

2 Die Schinkenscheiben quer halbieren und mit je 1 Klecks Ricotta in der Mitte zur Rolle drehen, in die Tomaten stecken. Tomaten in die Form setzen, in die Zwischenräume die Pinienkerne und den Rosmarin streuen.

3 Aus dem Blätterteig einen Kreis in Größe der Auflaufform ausschneiden. Den Blätterteigkreis über die gefüllten Tomaten legen und mit der Gabel mehrmals einstechen. Im Ofen (Mitte) 20–25 Min. backen, dann die Tarte auf einen Teller stürzen, vierteln und servieren.

ANTIPASTI

Die Saison für Artischocken beginnt an der ligurischen Küste schon im zeitigen Frühjahr. Dann liegen auf dem Markt Berge dieses stacheligen Gemüses. Artischocken sind die ungeöffneten Knospen distelartiger Staudenpflanzen, sie werden in unterschiedlichen Sorten angeboten. Die bekannteste ist die große runde »Romanesco«. Dieser Salat wird aber aus den ganz kleinen jungen Artischocken der Sorte »Spinoso sardo« gemacht. Diese Mini-Artischocken erntet man, bevor sich der Blütenboden und die Stacheln bilden. Sie sind dann nicht viel größer als ein Hühnerei und haben eine sehr kurze Garzeit.

Carciofi con pomodori

Junge Artischocken mit Tomaten und Knoblauch-Schnittlauch-Mayonnaise

Für 4 Personen
Zubereitungszeit: ca. 30 Min.
Pro Portion: ca. 295 kcal

frisch gepresster Saft von
  1 Zitrone
8 Mini-Artischocken
  (Sorte »Spinoso sardo«)
Salz
1 Knoblauchzehe
1 Bund Schnittlauch
1 zimmerwarmes Ei (Größe M)
100 ml Olivenöl
1 Msp. Senf
Pfeffer aus der Mühle
8 sonnengereifte Tomaten

1 Reichlich kaltes Wasser und Zitronensaft in eine Schüssel geben. Die Artischocken waschen und die oberen Blattspitzen ca. 2 cm abschneiden. Die äußeren Blätter abziehen, den Stiel abschneiden. Die Artischocken in das Zitronenwasser geben, damit sie sich nicht verfärben.

2 In einem Topf ca. 2 l Wasser zum Kochen bringen, salzen. Darin die Artischocken ca. 15 Min. bei geringer Hitze kochen.

3 Inzwischen für die Mayonnaise Knoblauch schälen und durch die Presse drücken. Schnittlauch abbrausen, trocken schütteln und klein schneiden. Das Ei trennen. Das Eigelb mit den Quirlen des Handrührgeräts schaumig rühren. Dann das Öl tröpfchenweise unter ständigem Rühren dazugeben. Knoblauch und Senf unterrühren, mit Salz und Pfeffer würzen. Das Eiweiß steif schlagen und mit dem Schnittlauch unter die Mayonnaise heben.

4 Die Tomaten waschen und in dünne Spalten schneiden, dabei die Stielansätze entfernen. Die Artischocken abgießen und kalt abschrecken, leicht abkühlen lassen, vierteln. Tomaten und Artischocken mit der Knoblauch-Schnittlauch-Mayonnaise auf Tellern anrichten.

An der Riviera kann das Thermometer Ende Januar schon mal auf über 20 Grad steigen, und die ersten Mutigen gehen zum Baden ins Meer. Andere liegen faul in der Sonne. Wir kamen aus dem Schnee (im Piemont lag mehr als ein Meter) und konnten nicht glauben, dass keine 40 Kilometer landeinwärts noch tiefster Winter war. Nur die Skyline der Apenninen erinnerte mit schneebedeckten Gipfeln daran. Auf der Terrasse unseres Lieblingsrestaurants, das direkt am Strand liegt, ließen wir uns in der Sonne nieder. Dieses Schwertfischcarpaccio mit rohen Artischocken stand auf der Speisekarte – mit besten Zutaten ganz frisch aus dem Meer und den ligurischen Gärten. Zum »crudo« (roh) essen eignen sich aber nur die jungen Artischocken.

Carpaccio di pesce spada
Schwertfischcarpaccio

Für 4 Personen
Zubereitungszeit: ca. 20 Min.
Pro Portion: ca. 265 kcal

frisch gepresster Saft von 2 Zitronen
4 junge Artischocken (Sorte »Spinoso sardo«)
100 g Schwertfisch (vom Fischhändler in hauchdünne Scheiben geschnitten)
8 EL Olivenöl
Pfeffer aus der Mühle
grobes Meersalz
1 Stück Parmesan (ca. 30 g)

1 Reichlich kaltes Wasser und den Saft von 1 Zitrone in eine Schüssel geben. Von den Artischocken die äußeren harten Blätter entfernen, nur die ganz zarten Blätter nahe dem inneren »Herz« übrig lassen. (Achtung: Artischocken sind Disteln und die Blätter sind in der Regel stachlig!) Die Artischocken längs halbieren und das »Heu« in der Mitte entfernen. Die Artischocken in das Zitronenwasser legen, damit sie sich nicht verfärben.

2 Den Schwertfisch auf vier Teller anrichten. Mit 4 EL Olivenöl und der Hälfte des übrigen Zitronensaftes beträufeln. Mit Pfeffer und Meersalz würzen und 10 Min. marinieren lassen.

3 Inzwischen die Artischocken aus dem Wasser heben, abtropfen lassen und mit einem scharfen Messer in sehr feine Scheiben schneiden. Parmesan mit einem Trüffelhobel oder Sparschäler in feine Späne hobeln.

4 Die Artischocken über den Schwertfisch streuen. Mit dem restlichen Olivenöl und Zitronensaft beträufeln. Pfeffern, salzen und die Parmesanspäne darüberstreuen. Servieren.

Carpaccio di champignon
Champignoncarpaccio

Die großen, weißen Ringe aus Wiesenchampignons auf den Weiden sieht man Anfang September schon von Weitem. Reinhart sagt, es sei Stehlen, wenn ich über den Stacheldrahtzaun steige und die Pilze ernte. Immerhin unter Einsatz meines Lebens. Denn die großen Hengste, die auf den Weiden grasen, sehen zwar wunderschön aus – sind aber auch sehr, sehr groß. Wenn die Champignons dann allerdings auf unserem Tisch landen, gesteht er es endlich: ein Carpaccio daraus ist solch eine Aktion unbedingt wert.

Für 4 Personen
Zubereitungszeit: ca. 15 Min.
Pro Portion: ca. 220 kcal

100 g Champignons (auch fein:
    Austernpilze, junge Zucchini)
8 EL Olivenöl
3 EL Aceto balsamico
Fleur de Sel
Pfeffer aus der Mühle
1 Stück Parmesan (ca. 30 g)

1 Die Pilze putzen (dazu eignet sich ein Küchenpinsel oder ein feuchtes Küchenpapier) und die Stielenden abschneiden. Champignons in sehr feine Scheiben schneiden und auf einem großen Teller anrichten.

2 Pilze mit der Hälfte des Öls und Essigs beträufeln und marinieren lassen, bis die Flüssigkeit komplett aufgesogen ist (wie schnell das geht, hängt von der Festigkeit des Pilzfleisches ab). Dann restliches Öl und übrigen Essig darüberträufeln und noch mal ziehen lassen.

3 Carpacchio mit Fleur de Sel und Pfeffer würzen und den Parmesan üppig in dünnen Spänen darüberhobeln.

Carpaccio di barbabietola
Rote-Bete-Carpaccio

»Wenn Rote Beten so rar wären wie Trüffeln«, sagt Maria beim Genuss dieses Carpaccios, »wären sie ebenso begehrt.« Komisch eigentlich, dass das schöne Gemüse immer nur sauer angemacht in irgendwelchen Salaten landet. Bei diesem Carpaccio kommt der erdige Geschmack der Knolle hervorragend zur Geltung.

Für 4 Personen:
Zubereitungszeit: ca. 20 Min.
Garzeit: ca. 45 Min.
Pro Portion: ca. 230 kcal

150 g Rote Beten
8 EL Olivenöl
3 EL Aceto balsamico
Fleur de Sel
Pfeffer aus der Mühle
1 Stück Parmesan (ca. 30 g)

1 Rote Beten ungeschält in reichlich kochendem Wasser in ca. 45 Min. weich garen (oder in ca. 15 Min. im Dampfkochtopf). Dann die Knollen schälen. Der Saft färbt intensiv. Wer keine roten Finger mag, kann dünne Einweghandschuhe tragen.

2 Rote Beten in feine Scheiben hobeln. Dazu eignet sich der Käse- oder der Trüffelhobel. Wichtig für dieses Carpaccio ist, wie bei jedem anderen Carpaccio auch, dass die Scheiben schön dünn sind.

3 Die Rote-Bete-Scheiben auf einer großen Platte anrichten und mit der Hälfte des Öls und Essigs beträufeln, 10 Min. marinieren lassen. Dann restliches Öl und übrigen Essig darüberträufeln und noch mal 10 Min. ziehen lassen. Zum Schluss mit Fleur de Sel und Pfeffer würzen und den Parmesan üppig in dünnen Spänen darüberhobeln.

ANTIPASTI

Salmone affumicato con fragole
Räucherlachs mit Erdbeeren und weißem Pfeffer

Dass unser Freund Ernesto meinen Erdbeergarten für dieses ungewöhnliche Antipasti plünderte, habe ich ihm vergeben. Aber erst, nachdem ich seine ausgesprochen leckere Art, Erdbeeren und Lachs zu kombinieren, gekostet habe. Dazu schmeckt im Übrigen ein Glas Prosecco aus Valdobbiadene ganz ausgezeichnet.

Für 4 Personen
Zubereitungszeit: ca. 20 Min.
Pro Portion: ca. 330 kcal

250 g Erdbeeren
50 g Champignons
1 TL weiße Pfefferkörner
frisch gepresster Saft von
  1 Zitrone
50 ml Olivenöl | Salz
200 g Räucherlachs (in Scheiben)
1 Stück Parmesan (ca. 50 g)

1 Die Erdbeeren waschen, putzen und in dünne Scheiben schneiden. Pilze putzen (dazu eignet sich ein Küchenpinsel oder feuchtes Küchenpapier) und die Stielenden abschneiden. Champignons in sehr feine Scheiben schneiden.

2 Die Pfefferkörner im Mörser zerkleinern. Den Saft der Zitrone mit dem Olivenöl mischen. Nur leicht salzen (der Fisch und Parmesan sind salzig), den Pfeffer dazugeben.

3 Den Räucherlachs auf einem großen Teller flach auslegen. Champignons als zweite Schicht darüberlegen und mit ein bisschen Zitronenöl beträufeln. Darüber die Erdbeeren verteilen und mit dem übrigen Zitronenöl beträufeln. Zum Schluss den Parmesan in dünnen Spänen darüberhobeln.

Carne cruda
Feines Kalbfleischtatar

Rohes Kalbfleisch wird für dieses Tatar fein geschabt. Cutter oder Fleischwolf sind absolut tabu! Olivenöl, Zitronensaft und der Eigengeschmack des Fleisches gehen eine perfekte Verbindung ein. Und wenn man darüber noch ein kleines Scheibchen Trüffel reibt ... Mir fällt dazu nichts anderes ein als: Einfach fein!

Für 4 Personen
Zubereitungszeit: ca. 15 Min.
Pro Portion: ca. 230 kcal

400 g Kalbsfilet (auch möglich:
  anderes zartes Kalbfleisch; am
  besten den Metzger fragen, was
  man roh essen kann)
1 kleine Knoblauchzehe
6 EL Olivenöl
Fleur de Sel
Pfeffer aus der Mühle
frisch gepresster Saft von
  ½ Zitrone

1 Das Kalbfleisch mit einem großen scharfen Messer zuerst in möglichst dünne Scheiben schneiden, dann zu sehr feinem Tatar schaben (also fein wiegen oder hacken).

2 Die Knoblauchzehe schälen, durch eine Presse drücken, mit dem Olivenöl mischen und über das Tatar träufeln. Salzen und pfeffern. Den Zitronensaft erst kurz vorm Servieren unter das Carne cruda mischen, damit das Fleisch seine Farbe behält. Auf einem Teller anrichten.

Unbedingt probieren: zum Schluss noch etwas weißen Trüffel über das Tatar hobeln! Dann aber den Zitronensaft etwas dezenter einsetzen.

ANTIPASTI

Für 4 Personen
Zubereitungszeit: ca. 50 Min.
Pro Portion: ca. 360 kcal

½ rosa Pampelmuse
½ gelbe Pampelmuse
1 Zitrone | 2 Mandarinen
1 Orange | 1 Blutorange
5 Kumquats | 250 g Staudensellerie
1 großer Fenchel (mit Grün)
4 Frühlingszwiebeln
100 g entsteinte schwarze Oliven
8 EL Olivenöl
Salz | Pfeffer aus der Mühle
1 Stück Parmesan (ca. 30 g)

Insalata di agrumi
Salat aus gemischten Zitrusfrüchten

Auf der Speisekarte des »Lemongarden« an der Amalfiküste stehen Zitronenspaghetti, Fisch mit salzigen Zitronen und dieser wunderbar fruchtige Salat. Je nach Jahreszeit bekommt man nicht alle im Rezept verwendeten Früchte – diese dann ganz einfach weglassen. Wichtig ist nur, dass die Relation zwischen süßen, herben und sauren Aromen erhalten bleibt.

1 Die Zitrusfrüchte (mit Ausnahme der Kumquats) mit einem Messer schälen und dabei die weiße Haut mit abschneiden. Dann die Früchte in dünne Scheiben schneiden und vierteln, Kerne entfernen. Dabei den Saft auffangen und in eine Schüssel geben. Die Kumquats waschen und mitsamt Schale ebenfalls in dünne Scheiben schneiden.

2 Den Sellerie waschen, putzen und in dünne Scheiben schneiden. Den Fenchel waschen und putzen, von den feinen grünen Blättern einige für die Garnitur beiseitelegen. Fenchel der Länge nach halbieren und den Strunk herausschneiden, Fenchel längs in dünne Scheiben schneiden. Von den Frühlingszwiebeln dunkles Grün und Wurzeln abschneiden, die Zwiebeln waschen und in feine Ringe schneiden. Oliven in Streifen schneiden.

3 Die Zitrusfrüchte auf einem großen Teller oder einer Platte anrichten, darüber Fenchel, Sellerie, Frühlingszwiebeln und Oliven streuen.

4 Den aufgefangenen Saft der Zitrusfrüchte mit dem Olivenöl verrühren, salzen und über den Salat geben. Mit Pfeffer würzen. Parmesan in groben Spänen über den Salat hobeln, mit dem Fenchelgrün garnieren.

Tipp: Die beste Zeit für Zitrusfrüchte aus Italien ist natürlich die kalte Jahreshälfte. Dann hängen Orangen und Zitronen reif und üppig an den Bäumen. Oder sie liegen – wie bei uns die Äpfel – als leuchtender dichter Teppich darunter. Aber gerade im Sommer schmeckt der Salat besonders erfrischend. Deshalb variiere ich die Zutaten je nach Angebot eigentlich immer, und wenn ich keine Pampelmusen bekomme, nehme ich gerne auch mal Grapefruits.

ANTIPASTI

Insalata di papaya
Papayasalat

Koriander hatte sich in unserem Garten selbst ausgesät. Aber was macht man mit Koriander in Italien? »Papayasalat«, sagte Reinhart. Die Papaya, die wir auf dem Markt bekamen, war reif und nicht »grün«, wie man sie in Südostasien für diesen Salat benutzt. Aber seitdem schwöre ich auf diese Variante, und Reinharts Salat ist ein Renner auf jedem kalten Büfett.

Für 4 Personen
Zubereitungszeit: ca. 30 Min.
Pro Portion: ca. 155 kcal

50 g geröstete, gesalzene Erdnüsse
1 reife Papaya
1 Bund Frühlingszwiebeln
50 g Ingwer | 1 Knoblauchzehe
1 kleine rote Peperoni
2 EL Sojasauce | 2 EL Austernsauce
frisch gepresster Saft von 1 Limette
2 TL Palmzucker (es geht aber
 auch normaler Zucker)
1 Bund Koriandergrün
Salz | Pfeffer aus der Mühle

1 Erdnüsse trocken in der Pfanne rösten, herausnehmen, abkühlen lassen. Die Papaya schälen, halbieren, entkernen und in dünne Streifen schneiden. Von den Frühlingszwiebeln das dunkle Grün und die Wurzeln abschneiden, Zwiebeln waschen und in dünne Ringe schneiden. Ingwer und Knoblauch schälen, Peperoni waschen und entstielen, alles getrennt fein hacken.

2 Ein Drittel der Peperoni zur Seite stellen. Den Rest mit Ingwer, Knoblauch, Soja- und Austernsauce, Limettensaft und Zucker in einer Schüssel gut verrühren. Die Papaya dazugeben. Koriander abbrausen und trocken schütteln, die Blättchen hacken und zum Salat geben. Mit Salz und Pfeffer abschmecken und gut durchrühren.

3 Die Nüsse im Blitzhacker fein hacken und die übrige Peperoni dazugeben – in einer kleinen Schale zum Selbstbedienen mit auf den Tisch stellen.

Insalata del »pomo d'oro«
Tomatensalat aus »Goldäpfeln«

Für 4 Personen
Zubereitungszeit: ca. 15 Min.
Pro Portion: ca. 235 kcal

1 kg sonnengereifte Tomaten
 (verschiedene Sorten mischen)
1 rote Zwiebel
8 EL Olivenöl
3 EL Aceto balsamico
grobes Salz | Pfeffer aus der Mühle
1 Bund glatte Petersilie

1 Tomaten waschen und mundgerecht schneiden, Stielansätze dabei entfernen. Zwiebel schälen und in feine Ringe schneiden. Beides in einer Schüssel mit Öl und Essig mischen, salzen und pfeffern.

2 Die Petersilie abbrausen und trocken schütteln, die Blättchen grob hacken. Salat nochmals durchmischen und mit der Petersilie bestreuen.

Variante – »Salatcaprese«: 1 Büffelmozzarella vierteln, mit den Tomaten, Öl und Essig auf einem Teller anrichten. Üppig Basilikum darüberstreuen.

Bruschetta della casa
Röstbrot nach Art des Hauses

Hier dürfen die Tomaten gerne auch schon ein wenig weich sein, fast überreif. Genau die eignen sich am besten für diese Bruschetta. Durch das Schmoren der Tomaten entfalten sich deren Aromastoffe besonders gut, und später kann man bei jedem Bissen die Süße der Sonne schmecken.

Für 4 Personen
Zubereitungszeit: ca. 20 Min.
Pro Portion: ca. 200 kcal

500 g sonnengereifte Tomaten
2 Frühlingszwiebeln
2 Knoblauchzehen
1 kleiner Zweig Rosmarin
1 Stängel glatte Petersilie
1 kleine rote Peperoni
6 EL Olivenöl
Salz | Pfeffer aus der Mühle
2 große Scheiben Weißbrot

1 Tomaten waschen und klein würfeln, dabei Stielansätze herausschneiden. Von den Frühlingszwiebeln dunkles Grün und Wurzeln abschneiden, die Zwiebeln waschen und in dünne Ringe schneiden. Den Knoblauch schälen und fein hacken. Die Kräuter abbrausen und trocken schütteln, Blättchen fein hacken. Peperoni waschen, entstielen und ebenfalls fein hacken.

2 In einer großen Pfanne 2 EL Olivenöl erhitzen. Darin Frühlingszwiebeln und Knoblauch andünsten. Tomaten, Kräuter und Peperoni in die Pfanne geben, salzen, pfeffern. Alles ca. 10 Min. bei mittlerer Hitze köcheln lassen, bis die Flüssigkeit weitgehend verkocht ist.

3 Inzwischen Brotscheiben vierteln und in einer zweiten großen Pfanne trocken bei mittlerer Hitze beidseitig goldbraun rösten. Die Scheiben auf einem Teller anrichten und großzügig mit dem übrigen Olivenöl beträufeln. Die Tomaten mit Salz und Pfeffer abschmecken und auf dem Brot verteilen.

Crostone al pomodoro
Tomatenbrot

Meine Großeltern bauten Obst und Gemüse noch selbst an. Und wenn die Zeit der Reife kam, saß ich im Kirschbaum, in den Brombeerhecken oder zog Möhren aus der Erde, die ich dann im Brunnenwasser abwusch und sofort rein biss. Dieses Brot ist für mich die italienische Variante meiner Kindheitserinnerungen.

Für 4 Personen
Zubereitungszeit: ca. 15 Min.
Pro Portion: ca. 205 kcal

2 Knoblauchzehen
2 Stängel Basilikum oder Petersilie
6 EL Olivenöl
2 große Scheiben Weißbrot
400 g sonnengereifte Tomaten
grobes Salz | Pfeffer aus der Mühle

1 Den Knoblauch schälen. Das Basilikum oder die Petersilie abbrausen und trocken schütteln, die Blättchen hacken.

2 Das Olivenöl in einer großen Pfanne erhitzen. Brotscheiben halbieren und im Öl auf beiden Seiten bei mittlerer Hitze goldbraun rösten. Aus der Pfanne nehmen und mit den Knoblauchzehen einreiben.

3 Die Tomaten waschen und in Scheiben schneiden, dabei die Stielansätze herausschneiden. Die Tomaten auf dem Brot anrichten, mit Basilikum oder Petersilie bestreuen. Salz, Pfeffer. Fertig!!!

ANTIPASTI

»Pomodori maturi«, also Tomaten, die die Reifeprüfung haben, sind die Basis für diesen Pudding. Die beste Adresse für Tomaten dieser Art – sofern man sie nicht im eigenen Garten anbaut – sind im Übrigen der Wochenmarkt und die Gemüsehändler aus der Region. »Tomaten mit Geschmack« gibt's aber auch via Internet. Es können aber nicht nur Tomaten verarbeitet werden, sondern alles, was im »Orto«, im Garten, reift, findet sich in salzigen Puddings wieder. Dieser Tomatenpudding ist auch optisch eine Augenweide, weil er schräg in den Kühlschrank gestellt wird und dort so im Glas geliert.

Budino di pomodori
Schräger Tomatenpudding

Für 4 Personen
Zubereitungszeit: ca. 30 Min.
Kühlzeit: ca. 3 Std.
Pro Portion: ca. 390 kcal

300 g sonnengereifte Tomaten
5 Blatt weiße Gelatine
4 EL frisch gepresster Zitronensaft
6 EL Olivenöl
1 Prise Zucker
Salz | Pfeffer aus der Mühle
200 g Sahne
1 Avocado
1 kleine rote Zwiebel
1 kleine Peperoni (nach Belieben)
8 geschälte gegarte Garnelen

1 In einem Topf Wasser zum Kochen bringen. Tomaten auf der glatten Seite kreuzweise einritzen, kurz in das heiße Wasser geben, herausnehmen, mit sehr kaltem Wasser abschrecken und die Haut abziehen. Tomaten quer halbieren und die Samenkerne entfernen. Kochwasser aufheben.

2 Die Gelatine in kaltem Wasser einweichen und ca. 5 Min. quellen lassen. Inzwischen Kühlschrank so präparieren, dass die Gläser mit dem Tomatenpüree schräg hineingestellt werden können und diese Position beibehalten.

3 Tomaten mit 2 EL Zitronensaft und 3 EL Öl im Mixer pürieren. Gelatine in 4–5 EL heißem Tomatenkochwasser auflösen, gründlich unters Tomatenpüree rühren. Mit Zucker, Salz, Pfeffer würzen. Sahne steif schlagen, unterheben. Das Tomatenpüree nach und nach in hübsche Gläser füllen, die man dabei schräg hält. Gläser in dieser schrägen Position in den vorbereiteten Kühlschrank stellen. Den Pudding in ca. 3 Std. fest werden lassen.

4 Kurz vor dem Servieren die Avocado schälen, halbieren und den Kern entfernen. Das Fruchtfleisch in kleine Würfel schneiden. Zwiebel schälen und sehr fein würfeln. Die Peperoni waschen, entstielen und fein hacken. (Wer es nicht scharf mag, kann die Peperoni einfach weglassen.) Falls nötig, die Garnelen am Rücken längs einschneiden und die Därme entfernen. Die Garnelen in kleine Würfel schneiden. Alles mischen, mit übrigem Zitronensaft und Öl, Salz und Pfeffer abschmecken.

5 Die Gläser aus dem Kühlschrank holen und die Avocado-Garnelen-Mischung auf den schrägen Tomatenpuddings verteilen, gleich servieren.

ANTIPASTI

Wenn ich an den Gärten Piemonteser Bauern vorbeigehe, könnte ich im Sommer vor Neid platzen: Während meine Kürbisse gerade mal so groß wie Äpfel sind, hängen dort bereits riesige Schlangenkürbisse reif am Spalier. Und jedes Mal widerstehe ich der Versuchung, von den in unverschämter Zahl wachsenden Kürbissen einen mitzunehmen. Deshalb sind diese beiden Rezepte auch mit meinen wenigen, kleinen entstanden. Dafür hatten die aber den ganz großen Geschmack in sich.

Flan di zucca
Kürbisflan mit Amaretti

Für 4 Personen
Zubereitungszeit: ca. 35 Min.
Backzeit: ca. 30 Min.
Pro Portion: ca. 440 kcal

1 Hokkaidokürbis (ca. 500 g)
3 Knoblauchzehen
3 EL Olivenöl
Salz
3 Eier (Größe M)
50 g frisch geriebener Parmesan
100 g Sahne
Pfeffer aus der Mühle
60 g Amaretti
1 kleine rote Peperoni
50 g Butter

1 Hokkaido waschen, putzen, teilen und die Kerne entfernen. Kürbis samt Schale in kleine Würfel schneiden. Den Knoblauch schälen und in sehr feine Streifen schneiden. Das Öl in einem Topf erhitzen, darin zwei Drittel des Knoblauchs andünsten. Den Kürbis dazugeben und unter Rühren ca. 3 Min. braten. 50 ml Wasser dazugießen, salzen und den Kürbis bei geringer Hitze ca. 10 Min. im geschlossenen Topf schmoren. Ab und zu mal umrühren.

2 Backofen auf 180 °C (Ober- und Unterhitze) vorheizen. Eine Auflaufform mit so viel heißem Wasser füllen, dass ofenfeste Förmchen (je 200 ml Inhalt) zu zwei Dritteln darin stehen können. Die Form in den Ofen (Mitte) stellen.

3 Das weiche Kürbisfleisch in eine Schüssel geben. Die Eier, den Parmesan und die Sahne dazugeben und alles mit dem Pürierstab fein zerkleinern. Das Püree salzen, pfeffern und in die Portionsförmchen füllen. Die Förmchen ins Wasserbad im Ofen stellen. Die Flans ca. 30 Min. backen.

4 Kurz vor Backzeitende Amaretti in einen Gefrierbeutel füllen, mit dem Handballen zerkleinern. Peperoni waschen, entstielen und fein schneiden. Butter in einer Pfanne zerlassen. Darin übrigen Knoblauch und Peperoni bei mittlerer Hitze leicht bräunen, Amaretti dazugeben, kurz anrösten.

5 Die Förmchen aus dem Ofen holen und die Amarettibrösel über den Kürbisflans verteilen. Sofort auf den Tisch stellen.

Variante – Kürbis mit Pesto: Hokkaido wie beschrieben vorbereiten und mit 3 Knoblauchzehen in Streifen in 3 EL Olivenöl ca. 3 Min. braten. 50 ml Wasser dazugießen und den Kürbis bei geringer Hitze ca. 8 Min. im geschlossenen Topf schmoren. Ab und zu mal umrühren. Kürbis etwas abkühlen lassen, dann eine Hälfte davon mit 2 EL Pesto Genovese (Seite 68), die andere mit Pesto rosso (Seite 69) mischen, salzen und pfeffern. Fertig!

ANTIPASTI

Für 4 Personen
Zubereitungszeit: ca. 30 Min.
Pro Portion: ca. 275 kcal

1 EL Butter
200 g frisch gepalte Erbsen (das sind ca. 700 g Schoten)
Salz
400 g wilder grüner Spargel
4 EL Olivenöl
Pfeffer aus der Mühle
4 EL Balsamico bianco
100 g junger Castelmagno (auch fein: Roccolo oder selbst gemachter Frischkäse, Seite 225)

Asparagi con piselli
Wilder grüner Spargel mit Erbsen

Im Frühjahr, wenn ich durch die Wälder streife und das erste Grün wie ein feiner Schleier über der Welt liegt, dann treffe ich nach der langen Winterpause auch die alten Signori wieder. Ihre Körbe sind voll mit Morcheln, Hopfenspitzen oder Spargel. Wilder Spargel trägt das geballte Aroma des Frühlings in sich. Dazu passt bestens junger Castelmagno, ein Käse mit bröseliger Konsistenz, und ebenfalls junge, zarte Erbsen mit leicht nussigem Aroma. Der Castelmagno reift in Höhlen und wird nach dem ersten Festwerden noch einmal komplett »zerkrümelt«.

1 Die Butter in einem Topf zerlassen. Die Erbsen dazugeben, salzen und bei geringer Hitze andünsten. Dann 1 Schnapsglas Wasser dazugießen und die Erbsen 10 Min. köcheln lassen.

2 Inzwischen den Spargel waschen und die unteren Enden großzügig abschneiden. Das Olivenöl in einer großen Pfanne erhitzen. Den Spargel in die Pfanne geben, salzen, pfeffern und 3–4 Min. bei mittlerer Hitze braten, dabei immer mal wenden. Zum Schluss mit dem Essig ablöschen.

3 Den Spargel aus der Pfanne nehmen und auf einem großen Teller oder einer Platte anrichten. Den Spargelsud bei starker Hitze etwa auf die Hälfte einkochen, dann über den Spargel gießen. Die Buttererbsen mit Sauce auf dem Spargel verteilen und den Castelmagno grob darüberkrümeln.

Tipp: Im Frühjahr gibt es diesen wilden Spargel auch auf unseren Märkten. Falls Sie aber keinen bekommen können, dann nehmen Sie 500 g normalen grünen Spargel – waschen, die holzigen Enden abbrechen und die Stangen wie den wilden Spargel zubereiten. Garzeit: ca. 10 Min.

Variante – mit Morcheln: Sehr fein schmecken zu Spargel und Erbsen auch Morcheln. Falls Sie also welche im Körbchen gesammelt oder auf dem Markt gekauft haben – 100 g Morcheln in der Mitte zerteilen und, falls sie sandig sind, gründlich waschen. Dann 2 EL Butter in einer Pfanne zerlassen und die Morcheln darin ca. 5 Min. braten. Auf den Erbsen und dem Spargel verteilen und zum Schluss den Käse darüberbröseln.

Peperoni con acciughe
Paprika mit Sardellen

Zugegeben, Paprikaschoten im Ofen richtig schwarz werden zu lassen, dazu gehört Mut. Aber das Ergebnis sind wunderbare, leicht süße Schoten. Beim Rösten geht es also nicht nur darum, die Paprikas einfacher von ihrer Haut befreien zu können, sie werden unter dem Grill leicht gegart und karamellisiert.

Für 4 Personen
Zubereitungszeit: ca. 40 Min.
Pro Portion: ca. 275 kcal

je 2 gelbe und rote Paprikaschoten
8 EL Olivenöl
frisch gepresster Saft von 1 Zitrone
Salz | Pfeffer aus der Mühle
10 Sardellenfilets (in Öl)
150 g selbst gemachter Frischkäse (Seite 225) oder Schafskäse

1 Den Grill des Backofens vorheizen. Die Paprikaschoten längs halbieren, weiße Trennwände und Kerne entfernen, die Hälften waschen und mit der Hautseite nach oben auf ein Backblech legen. Das Blech in den Ofen (oben) schieben und die Schoten 15–20 Min. rösten, bis die Haut schwarz ist und große Blasen wirft.

2 Das Backblech aus dem Ofen nehmen und mit einem nassen Küchentuch abdecken. Die Paprika so lauwarm abkühlen lassen. Dann mit einem kleinen Messer die Haut der Schotenhälften abziehen.

3 Die Paprikaschoten in breite Streifen schneiden und auf einem großen Teller oder einer Platte anrichten. Mit etwas Olivenöl und Zitronensaft beträufeln, mit Salz und Pfeffer würzen. Die Sardellenfilets auf den Paprikaschoten verteilen und den Käse grob darüberkrümeln. Dann alles mit dem übrigen Olivenöl und Zitronensaft beträufeln und nochmals mit ein wenig Salz und Pfeffer würzen.

Im Februar duftet es in Sizilien schon nach Frühling. Es dämmerte, als wir im Restaurante »El Carubo« ankamen. In der großen Scheune wurden die Tische gerade mit Mandelblüten dekoriert. Und der Wohlgeruch, der aus der Küche kam, war fast genauso betörend wie der des Primavera. Der Ricotta, der als Antipasti serviert wurde, war noch warm und einfach in ein Weinblatt eingerollt. Ihm folgten diese leicht afrikanisch angehauchten Auberginenröllchen mit Rosinen und Schwertfisch.

Involtini di melanzane con pesce spada

Auberginenröllchen mit Schwertfisch

Für 4 Personen
Zubereitungszeit: ca. 40 Min.
Ruhezeit: ca. 30 Min.
Backzeit: ca. 6 Min.
Pro Portion: ca. 300 kcal

1 EL Rosinen
3 EL Marsala
2 große, schlanke Auberginen
Salz
½ Bio-Zitrone
1 Stück Pecorino (ca. 50 g)
2–4 EL Olivenöl
200 g Schwertfisch (vom Fischhändler in dünne Scheiben geschnitten)
Pfeffer aus der Mühle
2 EL Pinienkerne
4 EL Ricotta
2 EL Semmelbrösel

1 Die Rosinen mit dem Marsala in eine kleine Schüssel geben und darin einlegen. Auberginen waschen, putzen und längs in ca. 1 cm dicke Scheiben schneiden. Die Auberginenscheiben salzen, in eine Schüssel schichten und 30 Min. ruhen und durchziehen lassen.

2 Backofen auf 220 °C (Ober- und Unterhitze) vorheizen. Die Zitronenhälfte heiß waschen und abtrocknen, ½ TL Schale fein abreiben und 1 EL Saft auspressen. Den Pecorino fein reiben.

3 Eine große gusseiserne (Grill-)Pfanne erhitzen, nach und nach mit ein wenig Olivenöl einfetten und darin die Auberginenscheiben bei starker Hitze auf jeder Seite ca. 2 Min. rösten. Dann die Auberginen nebeneinander auf ein Küchentuch legen und auf jede Scheibe etwas Schwertfisch verteilen. Mit Pfeffer würzen.

4 Die Rosinen aus dem Marsala nehmen und mit Pinienkernen, Pecorino, Zitronenschale und -saft, Ricotta und Semmelbröseln vermischen, salzen und pfeffern. Die Füllung auf Fisch und Auberginenscheiben verteilen und diese von einer Schmalseite her aufrollen. Die Röllchen dicht an dicht in eine flache Auflaufform legen und im Ofen (Mitte) 6–8 Min. backen. Dann die Involtini sofort auf den Tisch stellen.

Schnelle Varianten: Gebratene Auberginenscheiben mit Pesto rosso (Seite 69) bestreichen und mit fein gehackten Sardellenfilets (pro Scheibe 1 Filet) und frisch geriebenem Parmesan bestreuen. Oder die Scheiben mit Pesto Genovese (Seite 68) bestreichen und darüber ein wenig Mozzarella krümeln. Auberginenscheiben aufrollen und wie beschrieben backen.

PEPERONI GEFÜLLT MIT SARDELLEN
Peperoncini tondi ripieni

Als wir das erste Mal bei Sante und Adriana zum Pranzo (Mittagessen) eingeladen waren, wollten wir uns nicht nur für diese Einladung bedanken. Unser Wasser kommt aus ihrer Quelle und sie hatten uns von Anfang an mit jeder Menge Rat und vielen Kleinigkeiten ausgeholfen. Für diesen Besuch hatten wir einen kleinen Schatz aus unserem Weinkeller geholt: unsere allerletzte Flasche Brunello, vor vielen Jahren in Montalcino erstanden.

Es war heiß, und Santes Mutter aus Savona war da. Auf dem im Schatten gelegenen Steintisch vorm Haus türmten sich die Vorspeisen. Unter anderem kleine runde Paprika (so dachte ich) mit Sardellen gefüllt. Eh wir uns versahen, hatte Sante den Brunello entkorkt und mit auf den Tisch gestellt. Mir blieb fast die Luft weg. Dachten wir doch, Sante und Adriana würden den Wein in einer besonderen Minute und einer kühlen Sommernacht trinken. Wir wussten nicht, dass es ein Akt der Höflichkeit ist, die mitgebrachte Flasche auch gleich zu kredenzen. So landete der gute Brunello in Wassergläsern.

Dann probierte ich die Paprika – köstlich! Aber kurz hinterm »köstlich« kam »verdammt scharf«.

Santes Mutter lächelte verschmitzt und sagte: »Un po' piccante, eh.«

»Sì«, sagte ich und löschte mit dem Brunello ab.

Seitdem züchte ich in meinem Garten die »Piccante tondo« oder nehme diese Peperoni auf dem Markt mit und friere sie dann für den Winter ein. Manche Schoten sind »dolce« (nicht so scharf), manche eher »piccante« (scharf) – obwohl sie am selben Stock wuchsen. So ist die Überraschung auch immer recht groß, wenn man hineinbeißt. Und als Gastgeschenk bringen wir jetzt einen kühlen Frankenwein mit.

Und so entstehen die kleinen Köstlichkeiten – unbedingt mal probieren:

Den Backofen auf 170 °C (Ober- und Unterhitze) vorheizen. 200 g Peperoni »piccante tondo« waschen und oben, also an den Stielansätzen, jeweils einen Deckel abschneiden. Mit einem Teelöffel die Kerne aus dem Inneren herauskratzen. Jede Peperoni mit 1 Sardellenfilet (in Öl) füllen. Dann die Peperoni mit den Öffnungen nach oben nebeneinander dicht an dicht in eine flache Auflaufform legen. In jede Peperoni jeweils etwas Olivenöl und Weißwein gießen, sodass die Schoten zur Hälfte mit Flüssigkeit gefüllt sind. Im Ofen (Mitte) ca. 30 Min backen. Die gefüllten Peperoni schmecken warm, aber auch kalt.

OLIO DI OLIVA
Olivenöl

Eine Woche gestohlene Zeit. Weg von »i lavori«, der Arbeit. Wir fahren in die Toskana. Da ist es auch später im Jahr noch schön. Einfach mal nur Urlaub machen und kein Haus suchen!

Oliven und Olivenöl – jede Region Italiens hat ihre eigenen Sorten.

Unser Ferienhaus liegt mitten in den Weinbergen. Schöne Terracottafußböden gibt es im ganzen Casa und eine richtige Feuerstelle, keinen einfachen Kamin: ein mächtiger flacher Stein, auf dem Feuer tänzelt. Ein großes Weinfass trennt die Küche und das Wohnzimmer. Traumhaft! Wunderschön! So müsste es aussehen. Unser Haus! Aber das haben wir ja ad acta gelegt.

Die Olivenernte ist im vollen Gang. Um die gewaltigen Bäume sind große Netze ausgelegt. Die Pflücker sitzen davor und sortieren alle überreifen Früchte und Blätter aus. Dann werden die bunten Oliven, grüne, hellviolette und dunkle, sorgfältig und sehr vorsichtig in Körbe oder Säcke gefüllt.

Wir laufen durch Kastanienwälder, stieben das Laub vor uns her und sammeln Pfifferlinge. Die Straßen liegen voll mit Esskastanien. Die Städte unterhalb des Monte Amiata haben fast etwas Unwirkliches. Keine Touristen. Verlassen und leer. Die Schneegrenze ist sehr nah. Abends sitzen wir vor der Feuerstelle und suchen im Guide Michelin nach Weingütern und Restaurants. Ein Sternerestaurant ist ganz in unserer Nähe. Klein, weißgetüncht, mit Trödel an den Wänden. Wir leisten uns eine Flasche Rosso di Montalcino und essen Ravioli mit Steinpilzen. Danach gibt es kalten Wildschweinbraten in einer grasgrünen öligen Sauce. »Hast Du so etwas schon mal gegessen? Ist das gut!«

An der ligurischen Küste gibt es viele kleine Olmühlen.

Am nächsten Morgen ist in Italien ein deutscher Novembertag, es regnet in Strömen. Ideales Wetter zum Weinverkosten. Die Allee, die zum Weingut führt, ist von hohen Pinien gesäumt. Das Gut wirkt verlassen. Es ist kalt und nass. Wir gehen zu einem großen, scheunenartigen Nebengebäude. »Vendo vino e olio« ist auf dem Schild an der Tür zu lesen. Vorsichtig öffnen wir. Auf der einen Seite des Raumes steht eine Maschine, aus der zwei große Mahlsteine ragen, auf der anderen Seite ein Behälter, aus dem ein gelbgrüner Strahl über einen Trichter in einen viereckigen Stahltank geführt wird. Olivenöl! Ganz frisch gepresst. Der Raum riecht angenehm, fruchtig. Am liebsten würde ich den Finger nehmen und das Öl kosten.

Aus der Deckung der Mühlsteine löst sich ein Mann. Sein grauer Overall ist fleckig.

»Tedeschi?«, fragt er. »Ich habe mal in Köln gearbeitet. Zwei Jahre lang«, fügt er in gebrochenem Deutsch hinzu.

»Hier werden die Oliven gemahlen. Du kannst ruhig hochsteigen.«

Er zeigt auf die Leiter, die stabil an der großen Maschine lehnt. Ich steige hinauf. Die schweren Mühlsteine zermahlen die Oliven fast spielerisch auf einer rauen Granitplatte. Die lilafarbene Masse erinnert an Traubentrester.

»Die Oliven werden mit den ganzen Kernen gemahlen?«, frage ich.

»Ja, das ist gut für den Geschmack. Aus 20 Kilo Oliven bekommen wir etwa drei Liter Olivenöl. Und dort in der Zentrifuge wird der Olivenbrei in Öl und Wasser getrennt. Wollt Ihr probieren?«

Er nimmt eine Kanne aus Edelstahl und hält sie in den Strahl. Dann füllt er einen Schluck in eine kleine Schale. Dazu reicht er uns ein Stück Weißbrot. Wir tunken das Brot ins grünliche Öl. Es schmeckt genauso wie die fantastische Sauce am Abend zuvor im Sternerestaurant. Es war »nur« Olivenöl. Und zwar pur.

Das war das allerbeste Olivenöl, das ich bislang in meinem Leben genießen durfte.

Das zweitbeste haben wir zwei Jahre später bei einem Bauern in Ligurien erstanden. »Vendita olio e vino« – dem Schild sind wir einfach nachgefahren, probierten den Wein aus Plastikbechern und stippten das Olivenöl auf dem Campingteller. Und nach der Einladung zum Mittagessen hat uns der Signore Öl in drei Anderthalb-Liter-Acqua-minerale-Flaschen abgefüllt und für acht Euro den Liter verkauft.

OLIVENÖL | OLIO DI OLIVA

Ein Olivenhain mit den Taggiasca-Bäumen.

Oliven reifen von Grün über Dunkelviolett bis fast Schwarz.

Während viele Olivenbäume in der Toskana alt und knorrig sind wie Eichen, stehen die Haine in Ligurien voll mit kleinen, niedrig wachsenden Bäumen. Die haben den Vorteil, dass die Oliven leichter einzubringen sind. Denn während man bei den großen Bäumen häufig auf Schütteln, Rechen oder Abfallen der reifen Früchte angewiesen ist, kann man hier bequem ernten. Man pflückt sie direkt in einen Eimer. Die Oliven sind so nicht überreif und bleiben auch nicht länger auf dem Boden liegen, was den Fäulnisprozess beschleunigen würde und natürlich Einfluss auf die Qualität des Öls hätte. Ist die Olive erst mal geerntet, muss sie auch so schnell wie möglich verarbeitet werden (ein bis drei Tage später). Sie ist sehr empfindlich, darf bei der Ernte nicht verletzt werden, da sonst die Güte des Öls leidet und es mehr Ölsäure enthält. Der Säuregrad muss bei »Olio extra vergine« unter 1 Prozent liegen. Bei weniger gutem Öl kann er bis auf über 3 Prozent ansteigen.

Auf diesen niedrigwüchsigen Bäumen, die an der Riviera an jeder Straßenecke stehen, gedeiht wohl eine der bekanntesten Olivensorten Italiens: die Taggiasca. Sie hat ein recht mildes Fruchtaroma und erinnert im Geschmack an Pinienkerne und Mandeln. Bekannt geworden ist das Öl aus diesen Oliven auch durch seine Verpackung. Die Flasche ist mit goldenem oder staniolfarbenem Papier fest umwickelt, was dafür sorgt, dass das im Olivenöl enthaltene lichtempfindliche Chlorophyll nicht zerfällt. Dies ist unter anderem für die lange Haltbarkeit des Öls verantwortlich. Also sollte es immer dunkel und kühl gelagert werden.

Der Geschmack von Olivenöl ist so unterschiedlich wie der von Wein.

In Italien wachsen weit mehr als 50 verschiedene Olivenarten, im gesamten Mittelmeerraum 150 Arten – von den kleinen bunten ligurischen Früchten bis zu den großen grasgrünen »Napoli Dolce«. Und jede Sorte hat natürlich auch ihren eigenen Geschmack: sanft, mild, neutral, scharf, fruchtig – je nach Lage, Boden und Olivenart. Wenn man einmal sein Öl gefunden hat, ist die Adresse dazu ein kleiner Schatz, und eine gute Salatsauce in wenigen Sekunden zubereitet. Die wird in Italien in der Regel nicht fertig angemacht, sondern es wird immer Öl und Essig extra zum Insalata oder Carpaccio serviert.

Für alle Insalata und zu allem, bei dem Olivenöl nicht erhitzt wird, nimmt man nur das beste Öl: »extra vergine«, also jungfräuliches Öl von der ersten Pressung, wobei die Temperatur, die dabei entsteht, 40 Grad nicht überschreiten darf. Dieses Öl hat den höchsten Gehalt an einfach ungesättigten Fettsäuren und ist erwiesenermaßen sehr gesund. Und es hat auch in Italien seinen Preis. Der wird nur noch von den sogenannten Tropfölen übertroffen, bei denen die Ölgewinnung noch schonender und langsamer vonstattengeht.

Aber rechnet man einmal hoch, wie viel Cent einen das Öl für einen Salat kostet, dann ist ein gutes Olivenöl deutlich günstiger als jede gekaufte Salatsauce – und zusammen mit einem sehr guten Balsamico mindestens genauso schnell fertig.

Die Oliven – per Hand oder aber auch ganz »modern« mit einem (elektrischen) Rechen – geerntet, werden in großen Netzen aufgefangen, danach maschinell sortiert und dann in der Ölmühle mit großen Granitsteinen gepresst.

Olivenöl verkosten: goldgelb oder grasgrün, mild oder fruchtig. Jedes Öl hat seine eigenen Geschmacksnuancen.

Als wir von der Toskana zurückkommen, zünden wir den Kamin an und laden Freunde ein. Füllen das grasgrüne Olivenöl in kleine Glasflaschen, backen Brot und ritzen die selbst gesammelten Kastanien ein. Später knistern die in einer gusseisernen Pfanne auf dem Kamin. Charly hat Wein aus dem Friaul mitgebracht. Auch im Kanister. Ein einfacher, offener Rotwein, der zum Olivenöl, dem frischen Brot und den Kastanien köstlich schmeckt.

Seit dieser Zeit stehen grundsätzlich zwei Arten von Olivenölen in meiner Küche:

Das »**Olio extra vergine**«, das kalt gepresste, nur durch mechanische Pressverfahren gewonnene Öl. Und weil ich gerne mit verschiedenen Geschmacksnuancen arbeite, habe ich davon zwei, drei Sorten: ein frisches, leicht nach grünem Gras schmeckendes, ein mildes und eins, das im Abgang etwas schärfer ist. Diese »Olio extra vergine« sind die perfekten Begleiter fürs Carpaccio, fürs Pesto, zum Beträufeln von Pasta und Pizza, eben für alles, bei dem das Öl gar nicht oder nur wenig erhitzt werden muss.

Zum Braten verwende ich dieses hochwertige Öl aber nicht. Hier bediene ich mich in der Regel des **einfachen Olivenöls** (auf dem Etikett steht nur die Bezeichnung »Olivenöl«), das bis 210 °C erhitzt werden kann.

Und was fürs Olivenöl gilt, gilt auch für den Aceto balsamico: der einfache ist fürs Kochen und der gute für Carpaccio und Co.

Wenn unsere Vorräte aufgebraucht sind, schlendere ich mit Vorliebe durch die kleinen Läden mit Italo-Kost und nehme hier und da mal ein Fläschchen mit. Oder ich bestelle im Internet. Da bekommt man heute auch schon mal Öle, die früher nur in der Olivenmühle vor Ort zu kaufen waren.

Die Verkostung mit selbst gebackenem Brot und einem einfachen offenen Landwein kommt bei unseren Freunden auch heute noch genauso gut an.

12 PIATTINI
12 Tellerchen

Wenn man in der kleinen Trattoria »da Franca« am Fuße der ligurischen Berge isst, bekommt man die herrlichsten Vorspeisen serviert. Auf einzelnen Tellern, mit kurzen Kommentaren versehen (die Gäste sollen sich ja nicht langweilen), tischt Franca ihre Antipasti auf: Wildschweinsalami mit Barolo, selbst gemachter Ziegenkäse mit einer leichten Sauce aus Pesto Genovese oder ein Carpaccio aus aromatischen Steinpilzen, die ihr Mann erst am Morgen oberhalb von 2000 Metern gefunden hat.

Alles wird hintereinander angeboten. So können Francas Gäste die unterschiedlichen herrlichen Aromen auch wirklich würdigen.

Ich finde es schön, so zu essen. Deshalb habe ich eine Variante entwickelt, mit der ich meine Gäste leicht und ohne allzu großen Aufwand verwöhnen kann. Auf dem Tisch stehen nie mehr als drei Tellerchen, die nun einfach herumgereicht werden. Jeder bekommt immer nur eine in Salami gehüllte Feige, ein Möhrenstückchen, eine Zucchinischeibe. Und ganz wie Franca erzähle ich dann kurz und knapp von den kleinen Möhren, die morgens noch in der Erde steckten und ein besonders feines Aroma haben, oder von der Wildschweinsalami, die wir bei Franca erstanden haben.

Bei meinen Gästen kommt das immer richtig gut an! Die Mengenangaben sind so, dass jeder eine »Gabel« abbekommt, man davon aber nicht satt wird. Sie können die Mengen aber auch gerne nach Belieben verändern, etwa verdoppeln, dann brauchen Sie (wahrscheinlich) kein Hauptgericht mehr und servieren nur noch einen schönen Nachtisch.

Salami mit Feigen

Für 8 Personen 2 grüne oder violette Feigen vorsichtig waschen und längs vierteln. 4 Scheiben Fenchelsalami halbieren und die Hälften um die Feigenviertel wickeln. Auf dem Teller anrichten.

Aceto-balsamico-Champignons

Für 8 Personen 100 g Champignons putzen, vierteln. 2 EL Olivenöl in einer Pfanne erhitzen, darin die Pilze unter Wenden schön braun anbraten. 2 EL Aceto balsamico dazugeben und einkochen lassen. 50 ml Wasser dazugießen und ebenfalls einkochen lassen, salzen und pfeffern. Die Champignons mit dem Balsamicosud auf dem Teller anrichten. Später kalt servieren.

Lardo

Für 8 Personen 4 hauchdünne Scheiben Lardo halbieren auf dem Teller anrichten. 1 kleine Knoblauchzehe schälen und durchpressen. 1 sehr kleine rote Peperoni waschen, entstielen und mit ein paar Rosmarinblättchen sehr fein hacken. Mit dem Knoblauch und 2 EL Olivenöl mischen. Lardo damit beträufeln, salzen und pfeffern.

Mortadella mit Pistazien

Für 8 Personen 4 Scheiben Mortadella vierteln und auf den Teller legen. 20 g Pistazienkerne grob hacken und auf die Mortadella streuen. Mit 1 TL Aceto balsamico beträufeln.

Steinpilzcarpaccio

Für 8 Personen 100 g kleine Steinpilze (alternativ gehen auch Kräuterseitlinge) putzen, in feine Scheiben schneiden und auf den Teller legen. 50 ml Olivenöl und den frisch gepressten Saft von 1 Zitrone mischen und die Hälfte davon über die Pilze träufeln. Mit Meersalz und Pfeffer würzen. Kurz warten, bis die Pilze das Zitronenöl aufgesogen haben, dann mit dem übrigen Öl beträufeln. 1 Stück Parmesan (ca. 20 g) in feinen Spänen darüberhobeln.

Gebratene Möhrchen

Für 8 Personen 2 Möhren schälen, quer dritteln und jeweils längs vierteln. 2 Knoblauchzehen schälen, 1 kleine rote Peperoni waschen und entstielen, beides sehr fein schneiden. 3 EL Olivenöl in einer Pfanne erhitzen. Möhren, Knoblauch und Peperoni dazugeben und unter Rühren 2 Min. anbraten, salzen und pfeffern. Einen Deckel auf die Pfanne legen, den Herd ausschalten und die Möhren in der Pfanne nachgaren lassen. Dann auf dem Teller anrichten und später kalt servieren.

Granita Basilico

Für 8 Personen 200 ml Wasser und 130 g Zucker in einem Topf erhitzen und nur so lange kochen, bis sich der Zucker aufgelöst hat. Vom Herd nehmen und 320 ml trockenen Weißwein dazugießen. Von 1 großen Bund Basilikum 1 Stängel beiseitelegen, von den übrigen Stängeln die Blätter abzupfen. 1 TL grüne Pfefferkörner (frisch oder getrocknet) im Mörser zerstoßen und mit den Basilikumblättern zum Weinsirup geben. Abkühlen lassen, mit einem Tuch abdecken und über Nacht im Kühlschrank ruhen lassen. Den Sirup durch ein Sieb laufen lassen, 4 EL frisch gepressten Zitronensaft dazugeben. Vom übrigen Basilikumstängel die Blätter abzupfen, hacken und unter den Sirup rühren. In eine flache Schüssel gießen, in das Tiefkühlfach stellen und in 2–3 Std. gefrieren lassen, dabei immer wieder mal mit der Gabel zerstoßen. Dann in hübschen Sektgläsern servieren.

Gebratene Jakobsmuscheln

Backofen auf 180 °C (Ober- und Unterhitze) vorheizen. Für 8 Personen in 8 Jakobsmuschelschalen je 1 TL Butter geben und im Ofen (Mitte) zerlassen. Dann 8 ausgelöste Jakobsmuscheln in die Butter legen, nach 5 Min. wenden, weitere 5 Min. garen, salzen und pfeffern. In den Muschelschalen servieren.

Roastbeef mit Pesto

Für 8 Personen 4 Scheiben Roastbeef halbieren, auf den Teller legen. 1 EL Pesto (Sorte nach Geschmack, aus dem Glas oder selbst gemacht, siehe Seite 68/69) und 2 EL Olivenöl vermischen. 4 Kirschtomaten in kleine Stücke schneiden und auf dem Roastbeef verteilen, salzen und pfeffern. Dann das Pesto darüberträufeln und 1 Stück Parmesan (ca. 20 g) in feinen Spänen darüberhobeln.

Trüffel-Panna-cotta

Für 8 Personen ½ Blatt weiße Gelatine 5 Min. in kaltem Wasser einweichen. 1 Knoblauchzehe samt Schale mit dem Handballen zerdrücken, mit 300 g Sahne in einen Topf geben und aufkochen lassen, vom Herd nehmen. Gelatine ausdrücken, in die heiße Sahne geben und darin auflösen. 2 TL Trüffelpaste (aus dem Glas) unter die Sahne rühren. Mit Salz und Pfeffer würzen. In kleine Espressotassen füllen und 3 Std. kalt stellen.

Gebratene Zucchini mit Lavendel

Für 8 Personen 1 kleinen Zucchino waschen, putzen und in fingerdicke Scheiben schneiden. 4 EL Olivenöl in einer Pfanne erhitzen. Darin die Zucchinoscheiben flach verteilen und anbraten. Wenden, wenn die Unterseiten goldbraun sind. Die Blättchen von 2 Stängeln Lavendel darüberstreuen und mitbraten. Wenn die anderen Seiten ebenfalls goldbraun sind, Zucchino aus der Pfanne nehmen und auf dem Teller anrichten. Den Bratsatz mit dem frisch gepressten Saft von 1 Zitrone ablöschen, vom Herd nehmen. Zucchino mit grobem Meersalz und Pfeffer aus der Mühle würzen und mit dem Zitronensud übergießen. Später kalt servieren.

Falsches Vitello tonnato

Für 8 Personen 16 Kapern (in Salz) wässern. Dann die Hälfte davon mit 80 g Thunfisch (aus der Dose), 3 Sardellenfilets (in Öl), 50 ml Olivenöl und 3 EL Crème fraîche in einem Mixer pürieren. Mit 1 TL frisch gepresstem Zitronensaft, Salz und Pfeffer würzen. 4 Scheiben kalten Braten halbieren und auf dem Teller anrichten, die Tonnatocreme daraufstreichen. Die restlichen Kapern darüber verteilen.

ANTIPASTI

Sante und Adriana haben einen Zaubergarten. In meterlangen Reihen wachsen Basilikum, Artischocken, Peperoni, Bohnen, Petersilie und vieles mehr, bei dem wir noch am Üben sind. Und weil die beiden das wissen und sehen, wie sehr wir uns bemühen, fragen sie manchmal: »Vuoi del basilico, prezzemolo, piccante?« Aus den Kräutern und Früchten des magischen Gartens kann ich dann natürlich leicht Pesto für den Sommer und den Winter zaubern.

Pesto alla Genovese
Basilikumpesto

1 Das Basilikum abbrausen und trocken schütteln, die Blätter abzupfen und auf einem Tuch etwas trocknen lassen. Den Knoblauch schälen und hacken. Die Pinienkerne trocken in einer Pfanne goldbraun rösten. Den Parmesan und den Pecorino fein reiben.

2 Den Knoblauch und die Pinienkerne in einem Mörser zerstoßen, bis eine sahnige Creme entsteht. ½ TL Meersalz dazugeben und unterarbeiten. Das Basilikum nach und nach dazugeben und mit dem Mörser zerkleinern.

3 Wenn alle Zutaten so zerstoßen sind, dass eine hellgrüne Flüssigkeit entstanden ist, die beiden Käse dazugeben. Jetzt das Öl Tropfen für Tropfen dazuträufeln und alles mit dem Stößel zu einer cremigen Paste verarbeiten. Das Pesto mit Salz abschmecken.

4 Das Pesto in die Gläser füllen und zum Konservieren mit Olivenöl bedecken. Gut verschließen und im Kühlschrank aufbewahren. Haltbarkeit: verschlossen 2–3 Monate, einmal geöffnet relativ schnell verbrauchen.

Für 2 Twist-off-Gläser
(je ca. 200 ml Inhalt)
Zubereitungszeit: ca. 30 Min.
Pro Glas: ca. 1080 kcal

4 Bund Basilikum
2 Knoblauchzehen
1 EL Pinienkerne
1 Stück Parmesan (ca. 30 g)
1 Stück Pecorino (ca. 30 g)
grobes Meersalz
200 ml Olivenöl (+ etwas mehr zum Auffüllen, vorzugsweise Öl aus Ligurien)

Schnelle Variante: Basilikum, Knoblauch, Pinienkerne und Käse wie beschrieben vorbereiten. Knoblauch, Pinienkerne und Meersalz mit 100 ml Olivenöl und einem Viertel der Basilikumblätter in einen Mixer geben und pürieren. Dann nach und nach das restliche Öl und die übrigen Basilikumblätter dazugeben. Am Ende den Käse untermixen.

Tipp: Dieses Pesto mache ich nur im Sommer. Das Basilikum ist dann kurz vor der Blüte und konnte bis dahin reichlich Aroma speichern. Das Basilikum, das im Gewächshaus gezogen wurde, eignet sich nicht so gut. Da gehe ich lieber zum Italiener und kaufe ein paar Gläschen fertiges Pesto (mindestens 50 % Basilikum). Wenn ich (oder Adriana) viel Basilikum geerntet haben, ersetze ich die (teuren) Pinienkerne durch Erd- oder Cashewnüsse.

ANTIPASTI

Pesto rosso piccante
Scharfes rotes Pesto

1 Die Peperoni waschen, entstielen und klein schneiden. Den Knoblauch schälen und grob schneiden. Petersilie abbrausen, trocken schütteln und die Blättchen abzupfen. Den Parmesan fein reiben.

2 Peperoni, Knoblauch, Petersilie, Walnüsse und zwei Drittel des Olivenöls in einem Mixer pürieren. Parmesan dazugeben und alles nochmals kurz durchmixen. Jetzt nach und nach übriges Olivenöl untermixen, bis ein dickliches Pesto entstanden ist. Mit Salz abschmecken.

3 Das Pesto in die Gläser füllen und zum Konservieren mit Olivenöl bedecken. Gut verschließen und im Kühlschrank aufbewahren. Haltbarkeit: verschlossen 2–3 Monate, einmal geöffnet relativ schnell verbrauchen.

Für 4 Twist-off-Gläser (je ca. ¼ l Inhalt)
Zubereitungszeit: ca. 30 Min.
Pro Glas: ca. 1420 kcal

400 g große, milde rote Peperoni
2 kleine, scharfe rote Peperoni
3 große Knoblauchzehen
1 Bund glatte Petersilie
1 Stück Parmesan (ca. 80 g)
100 g Walnüsse
½ l Olivenöl (+ etwas mehr
   zum Auffüllen)
Salz

Tipps: Pesto rosso kann man zum Würzen von Tomatensaucen, für das Marinieren von Fleisch oder auch als Dip verwenden. Es ersetzt gut die getrockneten Peperoni.
Um zu erkennen, wie scharf die gewählte Peperonisorte ist, am besten mal an einer Schote lecken. Möchte man dann dem Pesto etwas weniger Schärfe verleihen, einfach die Schoten ohne die Kerne verwenden.

Bagnetto verde
Petersilienpesto

Für 1 Twist-off-Glas (ca. ¼ l Inhalt)
Zubereitungszeit: ca. 30 Min.
Pro Glas: ca. 1380 kcal

1 EL Kapern (in Salz)
1 Ei (Größe M)
1 Bund glatte Petersilie
1 Brötchen
2 EL Aceto balsamico
2 Knoblauchzehen
3 Sardellenfilets (in Öl)
100–150 ml Olivenöl (+ etwas
   mehr zum Auffüllen)
Salz | Pfeffer aus der Mühle

1 Kapern in einer Tasse mit Wasser bedecken und wässern. Ei in ca. 10 Min. hart kochen, abschrecken, schälen, halbieren und das Eigelb herauslösen (das Eiweiß anderweitig verwenden). Die Petersilie abbrausen, trocken schütteln, die Blättchen abzupfen. Brötchen aufschneiden, das weiche Innere herauslösen und mit Essig beträufeln. Knoblauch schälen.

2 Kapern aus dem Wasser nehmen und mit Eigelb, Petersilie, Knoblauch und Sardellenfilets im Mixer fein zerkleinern. Brötchen untermixen, dann das Öl. Das Pesto mit Salz und Pfeffer abschmecken.

3 Pesto in das Glas füllen, zum Konservieren mit Olivenöl bedecken. Gut verschließen und im Kühlschrank aufbewahren. Haltbarkeit: siehe oben.

Fleischtomaten wie die »Cuore di bue« widerlegen das Vorurteil, große Tomaten seien wässrig und geschmacksarm. Ganz im Gegenteil: An der Sonne gereift sind sie (fast) genauso aromatisch wie die kleinen Sorten.

Die »San Marzano«, der italienische Klassiker, wird gerne zum Einmachen und für Sugo genommen. Sie hat wenig Tomatenwasser und reichlich festes Fruchtfleisch.

Die gerippten Tomaten bestechen neben ihrem Aroma vor allem durch ihre außergewöhnliche Form. Wenn man sie aufschneidet, sehen sie wie Zahnräder aus.

Die Formen- und Farbenvielfalt der alten Tomatensorten ist groß.

Allerdings bekommt man Samen, Pflanzen und Früchte häufig nur bei Spezialanbietern. Dort kann man sie oftmals bloß als Zierpflanzen oder -früchte kaufen, da sie nicht der EU-Norm entsprechen. Es lohnt sich aber, alte Sorten auszuprobieren, denn jede dieser Tomaten ist unterschiedlich und ein Geschmackserlebnis.

Die »Erdbeertomate« hat eine Herzform, viel Fleisch und wenig Kerne. Die »Rose von Bern« ist rosafarben und sehr aromatisch.

Die »Regenbogentomate« ist innen und außen zweifarbig. Die Tomatenpflanze selbst ist etwas anfällig und braucht viel Wärme. Aber die Früchte schmecken einzigartig.

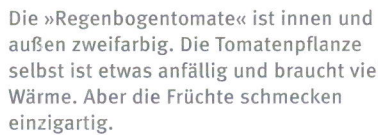

Das »Andenhorn« zählt zu den Flaschentomaten. Auch diese sind in vielen Formen und Größen erhältlich.

Sind sie noch grün? Oder sind sie schon reif? »Grüne Tomaten« haben eine gelbgrüne Farbe, wenn sie reif sind, und ein süßsäuerliches Aroma.

Mini-Tomaten wie die »Rote Birne« und Wildsorten sind wahre Geschmackswunder. Besonders die Sorten mit kleinen gelb-cremefarbenen Früchten gehören für mich zu den Highlights überhaupt.

Die »Weiße Schönheit« und das »Zitrönchen« sind milde Sorten, die sich aber allein wegen Form und Farbe in jedem Salat gut machen.

Schwarze Tomaten wie »Schwarze Krim« oder »Schwarzes Meer« haben eine grün-dunkelrote Farbe, eine knackige Schale und einen herrlich süßfruchtigen Geschmack. Die »Schwarze Krim« ist eine meiner Lieblingssorten.

ANTIPASTI

Passato di pomodori
Tomatenpüree von Carlo und Delfi

Delfi verarbeitet, was Carlo gerade im eigenen Tomatenwald geerntet hat. Mit einem großen Löffel wird gerührt, bis die Pomodori schön weich sind. Gute zwei Stunden dauert es, bis 30 Kilo Tomaten als 10 Liter Passato heiß in Flaschen abgefüllt werden. Lohnt sich das? Aber bei dem Gedanken an gekaufte Tomatensauce schütteln beide nur den Kopf. »Wer weiß, was da drin ist, Gabriella«, sagen sie.

Für 6 Flaschen (je ca. ½ l Inhalt)
Zubereitungszeit: ca. 1 Std. 15 Min.
Pro Flasche: ca. 345 kcal

10 kg sonnengereifte Tomaten (am besten die Sorte Roma oder San Marzano)
1 großes Bund Basilikum
2 EL Meersalz
6 EL Zucker

1 Die Tomaten waschen, halbieren und die Stielansätze entfernen. Die Hälften leicht zusammendrücken, sodass möglichst viel des Tomatenwassers herausläuft. Das Basilikum abbrausen und trocken schütteln, die Blättchen abzupfen.

2 Die Tomaten in einen großen Topf geben und mit Meersalz und Basilikum bestreuen. Zum Kochen bringen und bei mittlerer Hitze 20–30 Min. unter Rühren köcheln lassen, bis die Tomaten weich sind. Dabei das sich bildende Tomatenwasser immer wieder großzügig abschöpfen.

3 Dann die Tomaten in den »passapomodori« (Entsaftervorsatz für den Fleischwolf) geben und durchdrehen. Das Passato, das Tomatenpüree, auffangen. In die Flaschen je 1 EL Zucker geben und das Püree heiß einfüllen, verschließen.

4 Die Flaschen in einen hohen Topf stellen. So viel kaltes Wasser hineingießen, dass es gut zwei Finger breit unter die Flaschendeckel reicht. Das Wasser zum Kochen bringen und das Passato ca. 20 Min. kochen, dann einfach im Wasser abkühlen lassen.

Zuppe, Pane, Pizza

ZUPPE, PANE, PIZZA

Acquacotta
Würzige Steinpilzsuppe mit Brot

Hier wird nur mit heißem Wasser gekocht, so wie der Name sagt, auf Rinder-, Hühner- oder Gemüsebrühe muss man verzichten. Ansonsten werden aber natürlich beste Zutaten genommen, wie etwa aromatische Steinpilze frisch aus dem Wald oder vom Markt. Die wachsen in ganz Italien – vom Süden bis in den Norden – und werden in der Saison in großen Mengen geerntet.

1 Die getrockneten Steinpilze in einer kleinen Schüssel in lauwarmem Wasser einweichen. Die frischen Steinpilze putzen und die Stielenden abschneiden, die Pilze in ca. 1 cm breite Streifen schneiden. Knoblauch schälen und in feine Streifen schneiden. Petersilie abbrausen und trocken schütteln, die Blättchen abzupfen und hacken. Die Tomaten waschen und in grobe Würfel schneiden, dabei die Stielansätze entfernen.

2 In einem großen Topf 2 EL Olivenöl erhitzen. Darin den Knoblauch und die frischen Steinpilze bei mittlerer Hitze in ca. 5 Min. goldbraun anbraten. Dann die Tomaten und zwei Drittel der Petersilie dazugeben und 10 Min. im eigenen Saft schmoren, ab und zu umrühren. (Nicht braten! Falls die Flüssigkeit zu wenig wird, ein wenig Wasser dazugießen.)

3 Die eingeweichten Pilze in ein Sieb geben und kurz abtropfen lassen. Mit 1 l warmem Wasser zu den Tomaten und Pilzen in den Topf geben, alles weitere 15 Min. leicht köcheln lassen. Mit Salz und Pfeffer würzen.

4 In der Zwischenzeit übriges Öl und die Butter in einer großen Pfanne erhitzen und die Brotscheiben darin bei mittlerer Hitze goldbraun rösten, herausnehmen. Den Rosmarin abbrausen und trocken schütteln, die Blättchen abzupfen und sehr fein hacken.

5 Eier mit Sahne und 2 EL Parmesan verquirlen. Bei geringer Hitze die Eier-Käse-Sahne in die Suppe gießen und schnell unterrühren. Nicht mehr kochen! Den Rosmarin einstreuen. Aquacotta auf Suppenteller verteilen. Je 1 geröstetes Brot hineinlegen und mit restlichem Parmesan und übriger Petersilie bestreuen.

Tipp: Wer keine frischen Steinpilze bekommt, kann stattdessen frische Pfifferlinge oder andere Waldpilze nehmen. Dann aber auch die getrockneten Steinpilze durch getrocknete Pfifferlinge bzw. Waldpilze ersetzen.

Für 4 Personen
Zubereitungszeit: ca. 45 Min.
Pro Portion: ca. 400 kcal

10 g getrocknete Steinpilze
400 g frische Steinpilze
2 Knoblauchzehen
3 Stängel glatte Petersilie
3 sonnengereifte Tomaten
3 EL Olivenöl
Salz | Pfeffer aus der Mühle
4 EL Butter | 4 Scheiben Weißbrot
1 Zweig Rosmarin
3 Eier (Größe M) | 100 g Sahne
6 EL frisch geriebener Parmesan

Zuppa di pomodori verdi
Grüne Tomatensuppe

Wenn es mittags so heiß ist, dass man ins Innere des Hauses flüchtet, und die Nächte so warm sind, dass man nicht ins Bett gehen möchte, dann ist die richtige Zeit für diese Suppe. Die Kombination aus reifen grünen Tomaten, Gurken und Melone kommt nämlich kalt auf den Tisch und ist eine schöne Erfrischung an diesen richtig heißen Sommertagen.

Für 4 Personen
Zubereitungszeit: 30 Min.
Kühlzeit: 2 Std.
Pro Portion: ca. 180 kcal

1 kg reife grüne Tomaten
800 g Salatgurken
500 g Honigmelone
3 Stangen Staudensellerie
2 Knoblauchzehen
1 kleine grüne Peperoni
100 g Weißbrot (ohne Rinde)
Salz | Pfeffer aus der Mühle

1 Die Tomaten waschen und vierteln, dabei die Stielansätze entfernen. Die Gurken schälen und in grobe Stücke schneiden. Melone schälen, entkernen und ebenfalls in grobe Stücke schneiden. Sellerie waschen, putzen und in grobe Scheiben schneiden. Knoblauch schälen und in Streifen schneiden. Die Peperoni waschen, entstielen und grob zerteilen.

2 Alle vorbereiteten Zutaten portionsweise in den Mixer geben und fein pürieren. Dann die Suppe durch ein Sieb passieren.

3 Etwa ein Drittel der Tomatensuppe abnehmen und das Weißbrot darin ca. 5 Min. einweichen, dann im Mixer pürieren und zur restlichen Suppe geben. Alles durchrühren, salzen und pfeffern. Die grüne Tomatensuppe vorm Servieren mindestens 2 Std. kalt stellen.

Tipp: Für Gäste, die es extrascharf mögen, hacke ich 1 Peperoni, mische sie mit Öl und stelle das mit der Warnung »molto piccante« auf den Tisch.

ZUPPE, PANE, PIZZA

Im August herrscht in den Gärten unverschämte Üppigkeit, alles ist im Überfluss vorhanden und fast gleichzeitig reif. Wer solch ein Biotop sein eigen nennt, weiß diesen »Fluch« zu schätzen. Aber wohin mit all dem Guten? In eine Minestrone zum Beispiel. Und diese Collage des Gartens kennt kein »passt nicht zusammen«. Denn alles, was die Sonne gemeinsam reifen lässt, harmoniert auch wunderbar. Rezepte für die klassische Minestrone gibt's so viele, wie es italienische »Mammas« gibt. Das Geheimnis von Reinharts Minestrone liegt darin, dass er Suppenfleisch benutzt und es scharf anbrät, damit sich Röstaromen bilden.

Minestrone della casa

Bunte Gemüsesuppe nach Art des Hauses

Für 4–6 Personen
Zubereitungszeit: ca. 40 Min.
Kochzeit: ca. 2 Std. 30 Min.
Pro Portion (bei 6 Personen):
ca. 410 kcal

4 Knoblauchzehen
1 kleine rote Peperoni
500 g sonnengereifte Tomaten
4 EL Sonnenblumenöl
400 g Rindersuppenfleisch
1 Rinderbeinscheibe (ca. 150 g)
Salz
1 Stück alte Parmesan-
  rinde (5–6 cm)
1 kg Gemüse der Saison
  (z. B. Möhren, Kohlrabi,
  Sellerie, Bohnen, Zucchini,
  Erbsen, Lauch, …)
200 g gemischtes Hackfleisch
Pfeffer aus der Mühle
1 TL Zucker

1 Den Knoblauch schälen und grob schneiden. Die Peperoni waschen, entstielen und in feine Streifen schneiden. Die Tomaten waschen und klein schneiden, dabei die Stielansätze entfernen.

2 Das Öl in einem großen Topf erhitzen. Suppenfleisch darin von allen Seiten scharf anbraten. Knoblauch, Peperoni und Tomaten zum Fleisch geben, kräftig umrühren und alles kurz weiterbraten. Nach ca. 5 Min. 1,5 l Wasser, die Beinscheibe, 1 TL Salz und die Parmesanrinde dazugeben. Die Suppe bei geringer Hitze ca. 2 Std. sanft köcheln lassen.

3 Das Gemüse der Saison waschen und putzen oder schälen und klein schneiden. Das Suppenfleisch, die Beinscheibe und die Parmesanrinde aus dem Topf nehmen. Das Fleisch in kleine Würfel schneiden und wieder in die Suppe geben, aufkochen.

4 Dann zuerst das Gemüse mit der längsten Garzeit (Möhren, Kohlrabi, Sellerie, Bohnen) zur Suppe geben und 10 Min. kochen lassen. Anschließend nach und nach die anderen Gemüse (Zucchini, Erbsen, Lauch) untermischen und alles weitere 10 Min. kochen lassen. Dabei sollte das Gemüse gut mit Flüssigkeit bedeckt sein, gegebenenfalls Wasser nachgießen.

5 Das Hackfleisch dazugeben und gründlich unterrühren, bis es möglichst krümelig ist. Die Suppe weitere 10 Min. kochen. Mit Salz, Pfeffer und dem Zucker abschmecken. Servieren – am besten mit Olivenöl und einem Stück Parmesan samt Hobel. Olivenöl wird in Italien gerne über die Minestrone geträufelt und Parmesan in frischen Spänen darüber verteilt.

Zuppa di fave con limone
Zitronen-Thymian-Suppe mit Dicken Bohnen

Wilder Thymian wächst in großen Matten fast auf jeder Wiese. Und wenn ich die Fave ernte, nehme ich auch gleich ein paar Zweige Thymian mit. Fave sind große Bohnen mit einem zarten, fast erbsenähnlichen Geschmack. Bei uns sind sie auch als Dicke Bohnen, Acker- oder Saubohnen bekannt.

1 Von den Frühlingszwiebeln dunkles Grün und Wurzeln abschneiden, die Zwiebeln waschen und fein schneiden. Den Knoblauch schälen und fein hacken. Die Champignons putzen und die Stielenden abschneiden, die Pilze in dünne Scheiben schneiden. Möhre schälen und in sehr feine Scheiben schneiden. Den Thymian abbrausen und trocken schütteln.

2 Die Butter in einem großen Topf zerlassen. Darin die Champignons anbraten. Dann Knoblauch und Frühlingszwiebeln kurz mit anschwitzen. Mit Mehl bestäuben und mit der Hühnerbrühe ablöschen, aufkochen.

3 Die Fave, die Möhre, 2 Zweige Thymian und das Lorbeerblatt dazugeben und alles bei mittlerer Hitze ca. 15 Min. köcheln lassen. (Sollten Sie Erbsen verwenden, diese erst ca. 5 Min. nach den Möhren dazugeben.)

4 In der Zwischenzeit vom übrigen Thymianzweig die Blättchen abzupfen. Sahne, Eigelbe und Zitronensaft verrühren und den Thymian untermischen.

5 Nach den 15 Min. Garzeit die Temperatur klein stellen. Lorbeerblatt und die Thymianzweige aus der Suppe nehmen. Die Eier-Sahne-Mischung zur Suppe gießen und unterrühren, die Suppe nicht mehr kochen lassen. Mit Salz und Pfeffer würzen und sofort servieren.

Tipps: Die Saison für Dicke Bohnen ist ziemlich kurz. Deshalb friere ich sie gerne mal ein. Auch wenn frische Dicke Bohnen, Erbsen oder grüne Bohnen immer besser schmecken, sind die tiefgekühlten ein sehr guter Ersatz. Dosenware eignet sich hingegen nicht. Das liegt einfach daran, dass häufig Zusatzstoffe (wie Zucker) verwendet werden. Ausnahme sind natürlich die selbst eingekochten!
Wer keine gepalten Dicken Bohnen kaufen kann, muss die Bohnenkerne selbst aus den Hülsen lösen. In diesem Fall 600 g Schoten kaufen.

Für 4 Personen
Zubereitungszeit: ca. 50 Min.
Pro Portion: ca. 310 kcal

1 Bund Frühlingszwiebeln
1 Knoblauchzehe
150 g Champignons
1 Möhre | 3 Zweige Thymian
2 EL Butter | 2 EL Mehl
1 l Hühnerbrühe
200 g frisch gepalte Dicke Bohnen, siehe Tipp, ersatzweise tiefgekühlte Dicke Bohnen, auch fein: Erbsen)
1 Lorbeerblatt | 250 g Sahne
2 Eigelb (Größe M)
frisch gepresster Saft von 1 kleinen Zitrone
Salz | Pfeffer aus der Mühle

Zuppa di fagioli con bagnetto verde
Einfache Bohnensuppe mit Petersiliensalsa

Diese Bohnensuppe kann man ohne Fleisch zubereiten. Die Borlottibohnen färben das Wasser dunkel und bei späterem Einkochen wird es fast sämig. Ich mag die Suppe auch ganz pur und esse sie manchmal ohne die im Rezept angegebene Salami. Aber das ist nur was für Bohnenverrückte.

Für 4 Personen
Zubereitungszeit: ca. 45 Min.
Pro Portion: ca. 220 kcal

500 g frisch gepalte Borlottibohnen (das sind 1,2 kg Schoten,
   ersatzweise andere braune
   Bohnen)
1 Knoblauchzehe
2 Lorbeerblätter
Salz
300 g Salami (am Stück)
1 kleine rote Peperoni
2 EL kalte Butter
Pfeffer aus der Mühle
4 TL Bagnetto verde (Seite 69,
   ersatzweise 1 Bund gehackte
   Petersilie)

1 Die Bohnen in einem großen Topf drei Finger breit mit Wasser bedecken. Die Knoblauchzehe samt Schale andrücken und zusammen mit den Lorbeerblättern und 1 TL Salz dazugeben. Bei mittlerer Hitze ca. 20 Min. kochen.

2 Die Salami pellen und klein würfeln. Peperoni waschen, entstielen und in feine Ringe schneiden. Beides in die Suppe geben und alles weitere 15 Min. bei geringer Hitze sanft köcheln lassen, bis die Bohnen schön weich sind. Zwischendurch mal probieren, gegebenenfalls länger kochen.

3 Kurz vor Garzeitende die Butter in die Suppe einrühren. Mit Salz und Pfeffer abschmecken. Suppe in tiefe Teller verteilen, mit Bagnetto servieren – jeder nimmt sich selbst davon. Dazu passen geröstete Weißbrotscheiben mit Knoblauch eingerieben, Olivenöl beträufelt und Salz bestreut.

Tipp: Man kann statt der frischen Bohnen auch 200 g getrocknete Bohnenkerne verwenden. Einfach mindestens 12 Std. einweichen (am besten über Nacht) und ca. 1 Std. kochen. (Im Dampfkochtopf geht es in ca. 12 Min.)

HAUSGEMACHTES WEISSBROT
Pane bianco della casa

Meine Küche muss alltagstauglich sein. Viele Haushaltsgeräte, die man mal wieder unbedingt brauchen soll, sind für mich Schnickschnack. In Deutschland arbeite ich noch mit meinem mittlerweile 30 Jahre alten Mixer. Dahingegen habe ich mir sofort eine zweite Brotbackmaschine gekauft. Denn ich suche häufig einen einfachen, unkomplizierten Weg, um zum Beispiel zu gutem Brot zu kommen. (Ein Essen ohne einen Korb mit Brot auf dem Tisch ist in Italien undenkbar. Pane ist Beilage zu fast allem und muss deshalb im Geschmack eher »neutral« sein.)

Mein Weißbrot ist dann auch immer sofort weg, und unser Nachbar Sante schüttelt vor Staunen den Kopf. »L'hai fatto tu, Gabriella?«, fragt er mich. »Buono, molto buono.« Wenn ein Italiener das sagt, muss es ja stimmen. Und seit ein guter Freund, der Bäcker ist, mir verriet, dass man noch nicht einmal einen Vorteig braucht, ist mein selbst gebackenes Brot noch fixer fertig.

Stefanos Brot kommt aus dem Holzofen, der mit Haselnussschalen befeuert wird. Und wenn wir morgens mit unserer Vespa zum Paniniholen fahren, dann steht er in seiner schummrigen, aber herrlich duftenden Backstube. Stefano hat keine Temperaturanzeige an seinem Ofen. Nur der Blick durch das Ofenfenster verrät ihm, ob Pane, Grissini, Foccacia oder Biscotti fertig gebacken sind. Licht in der Backstube würde verhindern, dass er das auch richtig erkennen kann.

Sein Brot schmeckt köstlich, die Kruste ist herrlich kross und goldbraun und auch Stunden später noch ein wahrer Genuss. Die »Pasta da pane« wird im Übrigen mit Abwandlungen auch für Pizza und Focaccia so verwendet.

Pane bianco selbst gemacht:
Für 1 Brotlaib ½ Würfel Hefe (ca. 20 g) grob zerkrümeln mit 1 TL Salz, 1 TL Zucker, 4 EL Olivenöl, 500 g Mehl und ¼ l lauwarmem Wasser in den Behälter einer Brotbackmaschine (Backautomat mit ½–1 l Inhalt) füllen und »Start« drücken. In den ersten 3–4 Min. bleibe ich neben der Maschine stehen und gebe eventuell noch ein wenig Wasser (wenn alles zu trocken ist) oder Mehl (wenn zu feucht) hinzu. Der Teig hat dann die richtige Konsistenz, wenn nichts mehr am Finger kleben bleibt.

Wenn ich nur wenig Zeit habe, lasse ich die Maschine alles machen. Dann nehme ich je nach Backprogramm nach 2–3 Std. nur noch das fertige Brot heraus.

Wenn ich etwas mehr Zeit habe, lasse ich die Maschine nur den Teig kneten. Dann nehme ich ihn heraus, knete ihn kräftig per Hand und bringe ihn in Form: rund oder länglich, bemehlt und eingeschnitten. Diesen Laib lege ich auf ein Blech und lasse ihn noch mal gute 2 Std. gehen, bevor er für ca. 45 Min. in den 180 °C heißen Backofen (Mitte, Ober- und Unterhitze) kommt.

Und wenn wir ganz viel Zeit haben, schürt Reinhart den Pizzaofen an, der über geraume Zeit befeuert werden muss. Das Brot, das dort herauskommt, ich gebe es zu, ist noch einmal um einige Ticks besser.

Tipp: Wer keine Brotbackmaschine zu Hause hat oder Handarbeit liebt, bereitet den Teig einfach zu wie auf Seite 86 beschrieben.

Meine beste Pizza habe ich auf den Treppen von Positano an der Amalfiküste gegessen. Die Pizzeria war voll. Wir hatten einen Pappkarton auf dem Schoß und der geschmolzene Mozzarella lief uns die Hände herunter. Der Himmel war voller Sternschnuppen und mit dem Wind strich die gesalzene Luft vom Golf von Sorrent um unsere Nasen. Seitdem habe ich viele Pizzas verspeist und hätte Gott weiß was gegeben, das Rezept dieser herrlichen archiviert zu haben. Wie man den Pizzateig macht, ist heiß diskutiert und geheimnisumwoben. Ich habe mittlerweile die unterschiedlichsten Rezepte ausprobiert und kann noch zur Verunsicherung beitragen: Nicht nur, was im Pizzateig drin ist, entscheidet über den Geschmack, sondern auch, in welchem Ofen er gebacken wird – im Holzkohleofen, im Elektro- oder im Gasbackofen. Dazu kommen die Zubereitungsunterschiede von Ma(h)l zu Ma(h)l: extra knusprig, dünn, saftig, Sternenhimmel oder Heizungsluft. Aber egal wie, nur machen Sie ihn selber! Tipp für E-Backöfen: Blech auf den Ofenboden stellen, Ober- und Unterhitze auf höchstmögliche Temperatur schalten. PS: In Italien trinkt man zur Pizza übrigens Bier!

La pasta per la pizza
Pizzateig

Für 4 Teigstücke
Zubereitungszeit: ca. 20 Min.
Ruhezeit: ca. 1 Std. 35 Min.
Pro Stück: ca. 520 kcal

½ Würfel Hefe (ca. 20 g)
1 TL Salz
1 TL Zucker
500 g Mehl
4 EL Olivenöl (+ etwas mehr für das Einölen der Schüssel)

1 Die Hefe in 100 ml lauwarmes Wasser bröseln, das Salz und den Zucker dazugeben, verrühren. Zugedeckt an einem warmen Ort stehen lassen, bis die Flüssigkeit kleine Blasen wirft (das dauert ca. 5 Min.).

2 Das Mehl in eine große Schüssel geben und in die Mitte eine Vertiefung drücken. Das Hefewasser, Olivenöl und 150 ml lauwarmes Wasser in die Vertiefung gießen und alles kräftig durchkneten, bis der Teig nicht mehr klebt – mit den Händen oder den Knethaken des Handrührgerätes. Die Schüssel mit Olivenöl einfetten und den Teig darin zu einer Kugel rollen. An einem warmen Ort zugedeckt ca. 1 Std. 30 Min. gehen lassen. Dann dem Hefeteig einen »Fausthieb verpassen« und mit den Händen ca. 6 Min. durchkneten.

3 Den Teig vierteln (je ca. 120 g): 1 Stück ergibt eine große Pizza (30 cm Ø), die in der Regel für 2 Personen reicht – je nachdem ob es noch Vorspeisen gibt oder ob die Gäste mit großem oder kleinem Hunger kommen. Reste friere ich einfach portionsweise ein.

4 Jetzt den Teig formen, belegen und backen – siehe nächste Seite.

Tipp: Wer mag, kann den Teig auch in einer Brotbackmaschine zubereiten (siehe Seite 84), nach 1 Std. 30 Min. herausnehmen und auf einer bemehlten Arbeitsplatte durchkneten. Dann wie ab Punkt 3 beschrieben weitermachen.

ZUPPE, PANE, PIZZA

Für 4 Personen
Zubereitungszeit: ca. 30 Min.
(+ Teigherstellung)
Backzeit: ca. 7 Min.
Pro Portion: ca. 845 kcal

½ Rezept Pizzateig (Seite 86)
4 Knoblauchzehen | 4 EL Olivenöl
1 Dose stückige Tomaten (400 g)
1 kleine rote Peperoni (nach Belieben)
Salz | Pfeffer aus der Mühle
2 TL getrockneter Oregano
250 g Büffelmozzarella
200 g frisch geriebener Emmentaler
200 g gekochter Schinken (in dünnen Scheiben)
100 g Salami (in dünnen Scheiben)
Mehl zum Arbeiten

Pizza della casa
Sonntagspizza nach Art des Hauses

Wenn Sie hier eine Pizza mit ausgefallenem Belag erwarten, muss ich Sie enttäuschen. Aber so schmeckt sie uns am besten. Und stets so gut, dass ich sie beim nächsten Ma(h)l wieder genauso belege.

1 Den Pizzateig zubereiten wie auf Seite 86 beschrieben. Für den Belag Knoblauch schälen und in feine Streifen schneiden. Mit 3 EL Olivenöl in einen Topf geben und bei mittlerer Hitze goldbraun rösten. Den Topf kurz vom Herd nehmen und das Öl abkühlen lassen, dann Tomaten dazugeben (auf diese Weise spritzt es nicht so!). Topf wieder auf den Herd stellen und die Tomaten unter Rühren in 10–15 Min. auf die Hälfte einkochen lassen. Eventuell die Peperoni waschen, entstielen und fein hacken.

2 Den Backofen auf die höchstmögliche Temperatur vorheizen (Ober- und Unterhitze). Zwei Pizzableche (je 30 cm Ø, mit Löchern) mit dem übrigen Öl einfetten. Die Arbeitsfläche mit Mehl bestäuben, den Teig halbieren und jeweils mit einem Nudelholz dünn und rund in Größe der Bleche ausrollen. Die Teigfladen auf die Pizzableche legen.

3 Die Tomatensauce mit Salz und Pfeffer abschmecken und auf dem Teig verteilen. Oregano und eventuell die Peperoni darüberstreuen. Mozzarella mit den Händen in Stücke reißen, auf der Pizza verteilen. Den Emmentaler darüberstreuen, Schinken und Salami in Stücken auf die Pizza geben.

4 Ein Blech auf den Boden des Backofens stellen und die Pizza in 6–7 Min. knusprig backen. Herausnehmen, mit dem Pizzaschneider zerteilen und auf Teller verteilen. Dann die zweite Pizza auf die gleiche Weise backen.

Tipp: Wer keine Pizzableche zu Haus hat, nimmt stattdessen einfach ein normales Backblech und wellt den Teig darauf komplett aus. Oder Sie formen und belegen vier Teigfladen und backen diese auf dem Blech (siehe Bild).

Variante – Pizza mit Mascarpone und Sommertrüffeln: Wie oben beschrieben ½ Rezept Pizzateig (Seite 86) zubereiten, ausrollen und auf die eingefetteten Pizzableche legen. 1 schwarzen Sommertrüffel (ca. 10 g) sehr fein raspeln, mit 150 g Mascarpone und 50 g Sahne gut verrühren. Salzen, pfeffern und auf den Teig streichen. 250 g Büffelmozzarella in kleine Stücke reißen und darüber verteilen. Die Pizzas backen und aus dem Ofen nehmen. 2 schwarze Sommertrüffel (ca. 20 g) über die fertigen Pizzas hobeln.

Pizza »Crumble«
Pizza mit Crumble, Spinat und Tomaten

Salzige Streusel werden in Italien in allen möglichen Varianten verwendet. Hier als Topping für eine etwas ungewöhnliche Pizza, die Sie unbedingt einmal probieren sollten!

Für 4 Personen
Zubereitungszeit: ca. 45 Min.
(+ Teigherstellung)
Backzeit: ca. 20 Min.
Pro Portion: ca. 655 kcal

¼ Rezept Pizzateig (Seite 86)
500 g Blattspinat
1 Knoblauchzehe
500 g Kirschtomaten
4 EL Olivenöl
Salz | Pfeffer aus der Mühle
50 g Butter
100 g Mehl
30 g frisch geriebener Parmesan
30 g Mandelblättchen
200 g Ziegenfrischkäse
Mehl zum Arbeiten

1 Den Pizzateig zubereiten wie auf Seite 86 beschrieben. Für den Belag den Spinat sorgfältig waschen und putzen, dicke Stiele entfernen. Den Knoblauch schälen und in feine Scheiben schneiden. Tomaten waschen, 10 Tomaten beiseitelegen, den Rest in kleine Stücke schneiden.

2 In einem Topf 3 EL Olivenöl erhitzen, darin den Knoblauch andünsten, die Tomaten dazugeben und 3–4 Min. anbraten. Den Spinat dazugeben und köcheln lassen, bis er leicht zusammengefallen ist, dann vom Herd ziehen, salzen und pfeffern. Zwischendurch die Butter zerlassen. Mehl, Parmesan und Mandeln in eine Schüssel geben, die Butter dazulaufen lassen und alles mit den Händen zu Streuseln verarbeiten. Den Backofen auf 200 °C (Ober- und Unterhitze) vorheizen. Das Backblech mit übrigem Olivenöl einfetten.

3 Arbeitsfläche mit Mehl bestäuben und den Teig mit einem Nudelholz dünn ausrollen. 10 Kreise (8–10 cm Ø) ausstechen und auf das Blech legen. Tomaten-Spinat-Mischung und je 1 ganze Tomate auf den Teigkreisen verteilen. Ziegenkäse klein würfeln und mit den Streuseln darauf verteilen. Im Ofen (Mitte) in ca. 20 Min. knusprig backen. Sollten die Streusel frühzeitig bräunen, unbedingt mit Alufolie abdecken. Schmecken heiß oder auch kalt.

Während Pizzateig hauchdünn ausgerollt wird, kommt der Teig für Focaccia fingerdick aufs Blech. Zudem wird diese ligurische Spezialität aus der Ecke von Genua im Unterschied zur Pizza in der Regel nur spärlich belegt – mit ein paar Oliven, manchmal auch mit Mozzarella oder anderem Käse. Oder man isst die Focaccia pur. Ihr Markenzeichen sind die Mulden im Teig, die mit dem Finger tief hineindrückt werden. Und der Duft, der aus den kleinen Bäckereien durch die Gassen des kleinen Küstenortes Noli weht. Einfach unbeschreiblich!

Focaccia

Focaccia mit Kartoffeln, Kirschtomaten und Oregano

Für 4 Personen
Zubereitungszeit: ca. 30 Min.
Ruhezeit: ca. 2 Std. 35 Min.
Backzeit: ca. 35 Min.
Pro Portion: ca. 670 kcal

200 g festkochende Kartoffeln
gut ½ Würfel Hefe (ca. 25 g)
1 TL Zucker
feines Meersalz
300 g Mehl (+ etwas mehr zum Arbeiten)
11 EL Olivenöl
100 ml Mineralwasser
Pfeffer aus der Mühle
200 g Büffelmozzarella
200 g Kirschtomaten
1 TL getrockneter Oregano
grobes Meersalz

1 Kartoffeln waschen, ungeschält in einen Topf geben, knapp mit Wasser bedecken. Zugedeckt bei geringer Hitze in ca. 30 Min. weich garen. Ab und zu mit einer Gabel einstechen und kontrollieren, ob sie fertig sind. Kartoffeln abgießen, leicht abkühlen lassen, pellen und mit einem Stampfer zerkleinern.

2 Zwischendurch die Hefe in 100 ml lauwarmes Wasser bröseln, je 1 Prise Zucker und feines Salz dazugeben, verrühren. Zugedeckt an einem warmen Ort stehen lassen, bis die Flüssigkeit Blasen wirft (das dauert ca. 5 Min.).

3 Mehl mit Kartoffeln, übrigem Zucker und 1 TL feinem Salz, 2 EL Öl, der Hefe, dem Mineralwasser und etwas Pfeffer in eine Schüssel geben und mit den Knethaken des Handrührgeräts in ca. 5 Min. zu einem Teig verkneten. Abdecken, an einem warmen Ort mindestens 1 Std. 30 Min. gehen lassen.

4 Ein Pizzablech (30 cm Ø, mit Löchern) oder ein Backblech mit 1 EL Öl einfetten. Den Teig auf einer gut bemehlten Arbeitsfläche durchkneten, er ist relativ flüssig und schön weich. Dann aufs Blech geben und mit dem Handballen fingerdick glatt drücken. Teig erneut für ca. 1 Stunde gehen lassen.

5 Auf dem Teig 6 EL Öl verstreichen. Aus restlichem Öl, 1 Prise feinem Salz und 1 EL Wasser eine Emulsion rühren. Damit den öligen Teig besprenkeln. Jetzt die Fingerspitzen immer wieder dicht an dicht tief in den Teig drücken.

6 Backofen auf 220 °C (Ober- und Unterhitze) vorheizen. Mozzarella mit den Fingern in Stücke zupfen und auf dem Teig verteilen. Tomaten waschen und in den Teig drücken. Oregano und grobes Meersalz darüberstreuen und die Focaccia im Ofen (Mitte) 30–35 Min. backen. Wenn die Focaccia fertig ist, noch einmal mit der übrigen Öl-Wasser-Emulsion überpinseln.

TROVARE
Finden

Mondovì liegt auf dem letzten Hügel der Langhe. Direkt hinter der Stadt thronen die »Alpi Liguri« – die Ligurischen Alpen – mit ihren schneebedeckten Gipfeln. Der höchste Berg im Westen ist der Monte Viso mit knapp 4000 Metern.

Im Frühling blühen im Tal die Kirschbäume. Auf den Bergen wird noch Ski gefahren. Postkartenidylle.

Selten schaffe ich es, nicht meinen Fotoapparat zu zücken und dieses Panorama in seinen unterschiedlichsten Perspektiven einzufangen. Wirklich verdammt kitschig. Aber wunderschön!

FINDEN | TROVARE

Dann Ende April starten wir wieder durch. Aber der angebotene Bauernhof ist zu groß und man braucht mal wieder zu viel Potenzial und Fantasie ...

»Zu groß«, sage ich. Man braucht mindestens das Doppelte von dem, was das Haus kostet, um es einigermaßen bewohnbar zu machen. »Schlaft noch mal drüber«, sagt Claudius.

Um sechs Uhr treffen wir uns mit den nächsten Maklern direkt am Straßenschild von San Michele. Sie warten dort in ihrem Cinquecento.

Wir fahren hinter den beiden her und wieder in eine kleine Betonstraße, dann auf einen unbefestigten Waldweg. Nach 200 Metern hält der weiße Fiat vor einem Haus. Das kann nicht sein, denke ich. Sie haben schon wieder das falsche Bild im Internet. Es ist auch schön, aber wo sind die weißen Arkaden? Die Tannen sehe ich ebenfalls nicht. Wir sind kurz davor, einfach den Rückwärtsgang einzulegen und das Land für immer zu verlassen.

Ich deute auf das Haus. »No, no«, sagt Signor Biondi, »neighbours!«

Der Weg geht steil bergab. Er ist völlig verwuchert, Äste machen ihn zum Teil unpassierbar. Wir steigen darüber, darunter und hindurch. Dann sieht man endlich das Haus. Zuerst nur das rote Dach. Dann stehen wir vor dem großen, doppelflügligem Eisentor. Ja, das ist es!

Auf der rechten Seite liegt ein kleines Naturstein-Rustico mit halbverfallenem Dach. Und im Inneren türmen sich Heizkörper, Wellbleche, Drahtbetten. Randvoll bis obenhin. Sandhaufen liegen vor den hübschen Rundbögen. Zwei rostende Betonmischer stehen vor den Resten ihrer Arbeit: einige kleine Betonberge versiegeln den Boden. Auf der Terrasse stapeln sich Waschbetonplatten und Splitter, eine Fensterscheibe ist zerbrochen. Links wird das Haus von einer hohen Steinmauer gesäumt.

Die beiden schließen die Haustür auf. Der Flur ist schmal und steht voll mit Krimskrams. Die Küche hat ein schönes, rundes Gewölbe mit mächtigem Kamin. Glasscherben liegen auf dem Terracottaboden. Zwei Plastiktische, wie in einer Jugendher-

berge. Halbvolle Coaflaschen und Töpfe stapeln sich. Im Bad liegen kaputte Fliesen auf dem Boden. An der Wand ist eine Stelle aufgeklopft. Eine kleine Treppe führt ins obere Stockwerk. Es riecht ziemlich muffig. Ansonsten sieht es so aus, als wenn das Haus gerade eben erst verlassen worden wäre. Nichts ist wirklich fertig. Überall fehlt noch was. Vielleicht auch nur ein wenig Farbe.

Mir reicht es. Gut, dass es nicht mein Problem ist. Nix wie raus hier.

Die Makler verlassen uns an der Betonstraße. Wir fahren durch einen kleinen Ort. »Schau, da ist ein Supermarkt«, sage ich. Langsam wird es dunkel. Wir kaufen uns in Plastikdosen abgepacktes Vitello tonnato, Insalata Russa und Frutti di Mare, etwas Käse, ein paar Scheiben Prosciutto cotto und crudo. Und natürlich Wein.

Und wohin jetzt? Es wird dunkel. »Lass uns zurückfahren, zu dem oberen Haus«, schlage ich vor. »Das sah unbewohnt aus, bevor wir hier herumirren. Wir finden den Waldweg bestimmt wieder.«

Vor dem Haus ist eine große Rasenfläche mit Blick ins Tal. Da hatten wir vor 2 Stunden die Autos geparkt.

Der Platz ist ideal. Wir haben einen kleinen Klapptisch dabei. Öffnen die Plastikdosen mit Insalata und Tonnato. Den Wein. Salute! Unsere Blicke wandern ins dunkle Tal hinunter, erhellt von einigen Lichtern in dem kleinen Weiler.

Der Platz ist schön. Noch einen Vino rosso und dann einschlafen beim Rauschen des Baches.

Verdammt schön sogar!

FINDEN | TROVARE

Die Sonne geht hinter dem Berg auf. Es ist sehr früh. Reinhart schläft noch. Leichter Nebel liegt über der Welt, aber der Tag scheint sonnig zu werden.

Vielleicht laufe ich doch noch mal runter zum Haus, denke ich. Tautropfen bleiben an meinen Schuhen hängen. Es riecht nach Frühling. Überall blüht es. Veilchen, Walderdbeeren, zitronengelbe Primeln. Da erscheint wieder das rote Dach. Das Haus liegt wie in einem Nest. Dann stehen Ronya und ich wie gestern vor dem großen, schwarzen Tor. Verschlafen, wie ein Dornröschenschloss. Ich kann mich an fast nichts mehr erinnern, was in dem Haus war. Wirklich war. Die Scheiben, die Plüschvorhänge. Aber sonst? Ronya hat sich vors Tor gesetzt und sieht sehnsüchtig hinein. Ich setze mich neben sie. Stille.

Plötzlich steht Reinhart neben uns. Verzauberte Minuten, Sekunden. Pulsschläge. Und in diesem Moment muss es wohl geschehen sein.

Später entscheiden wir: Wir müssen noch einmal hinein. Und uns das Haus wirklich ansehen. Eine dreiviertel Stunde später ist der Makler wieder da, und ich habe diesmal die Kamera dabei.

Später, als wir wieder nach oben kommen, hält ein Auto vorm Haus der Nachbarn, exakt da, wo wir übernachtet haben. Ein Pärchen. Turiner Autokennzeichen. Sie laden kleine Basilikumpflänzchen aus dem Kofferraum aus. Und Tomaten. Signor Biondi erklärt, dass wir Interesse an dem Haus haben, und sie wollen uns wohl auch etwas erklären.

»Sante e Adriana«, stellen sie sich vor. »Acqua« und »strada« verstehen wir noch, aber den Rest? Meinen sie vielleicht, dass bei starkem Regen das Wasser die Straße hinunterschießt und das Haus überschwemmt?

Gut, dass wir schon alles verladen und keine Spuren hinterlassen haben.

»Volete un espresso?«, fragt Adriana.

Adriana zeigt auf den Tisch mit einer großen Steinplatte aus Carraramarmor direkt vorm Haus. Setzt euch, deutet sie an.

Als sie mit einem goldfarbenen Tablett, auf dem die Espressotassen stehen, zurückkommt, sagen wir:

»Noi piacere Italia molto«, und dass wir jetzt ans Meer wollen.

»Noli è la più bella«, rät sie.

Nachdem wir in dem kleinen Küstenort Noli köstliche »Frutti di mare« gegessen haben, fahren wir auf die Autobahn in Richtung Norden.

Und jetzt? Was machen wir jetzt? Für mich ist die Sache gelaufen. Ich will dieses Haus. Unbedingt!

»Wir müssen erst mal klären, wie es sich mit dem Wegerecht verhält, wenn wir über den Grund der Nachbarn fahren. Wo kommt das Wasser her? Und wie kauft man in Italien ein Haus? Oder weißt Du das?«, fragt Reinhart.

»Aber wenn es uns jemand vor der Nase wegschnappt ...«

»Dann finden wir ein anderes.«

»Wenn wir sechzig sind. So lange wie es bis jetzt gedauert hat!«

»Du willst es doch jetzt nicht einfach so kaufen?«

»Nein, natürlich nicht«, erwidere ich. Natürlich wollte ich es einfach so kaufen. Und zwar sofort!

»Wir werden anrufen und ein Angebot für das Haus machen.«

Kurz vor Mailand müssen wir tanken ... Und zum ersten Mal in meinem Leben fühle ich mich in Italien nicht mehr nur als Tourist.

Primi piatti

»Tanti lavori«, sagt Fabrizia und sieht auf das bemehlte Holzbrett. Ja, es ist viel Arbeit. Aber da liegen sie, diese herrlichen Teigtäschchen. Und dann gesteht Fabrizia, dass sie ihre Nudeln nicht immer selbst macht. »Du kannst hier an jeder Ecke ausgezeichnete Pasta kaufen«, verrät sie. Leider werden sie auch in Italien weniger, die Großmütter, die gerne den ganzen Tag in der Küche stehen und feinste Teigwaren zubereiten. Hat man dann jedoch mal Muße fürs Kneten, Formen und Füllen, gibt es als Belohnung den absoluten Höchstgenuss. Und den kann man auch in Italien nicht überall kaufen. Damit das Formen und Füllen nicht überhandnimmt, mache ich meine Tortellini einfach immer ein wenig größer. Vielleicht ist das aber auch nur typisch deutsch.

Pasta fatta a mano

Selbst gemachter Nudelteig

Für 4 Personen
Zubereitungszeit: ca. 20 Min.
Ruhezeit: ca. 1 Std.
Pro Portion: ca. 190 kcal

ca. 375 g Hartweizenmehl (ersatzweise normales Weizenmehl)
3 Eier (Größe M)
5 EL Olivenöl

1 Das Mehl in eine Schüssel geben. In die Mitte eine Vertiefung drücken und Eier und Olivenöl hineingeben. Alles mit den Händen (alternativ mit der Gabel und dann den Knethaken des Handrührgeräts) zu einem glatten, elastischen Teig verkneten. Dabei bei Bedarf noch 1–5 EL eiskaltes Wasser oder Mehl dazugeben. Der Nudelteig sollte nicht mehr kleben. Den Teig in der Schüssel abdecken und 1 Std. im Kühlschrank ruhen lassen.

2 Dann den Teig in 3 gleich große Portionen teilen. Nacheinander jedes Teigdrittel mit der Nudelmaschine zuerst auf größter Stufe zu einer langen Bahn auswalzen. Den Teig zusammenfalten und mehrmals auf Stufe 8 auswalzen, dabei die Bahn immer wieder zusammenfalten. Wenn der Nudelteig schön geschmeidig ist, als nächstes auf Stufe 6 auswalzen, dann auf Stufe 4. Sollte die Teigbahn zu lang werden, einfach in der Mitte durchschneiden.

3 Jetzt können aus diesem herrlichen Nudelteig meine Riesen-Tortelloni zubereitet werden – und dazu vielleicht auch gleich noch die passende Sauce (siehe nachfolgende Seiten).

Tipp: Aus diesem Nudelteig kann man natürlich auch Tagliatelle & Co. herstellen. Dafür den Teig bis Stufe 2 auswalzen. Für Lasagneplatten den Teig nur bis Stufe 5 auswalzen.

Pasta ripiena – gefüllte Nudeln

Sie heißen Tortellini, Tortelloni, Ravioli, Ravioloni, Plin, Capellacci, Fagottini, Pansotti und Agnolotti. Sie sind mal ganz klassisch nur mit Ricotta, mal elegant mit Castelmagno, raffiniert mit Trüffeln, rustikal mit Salsicce, aber auf jeden Fall immer wieder anders gefüllt. Der Fantasie sind dabei keinerlei Grenzen gesetzt. Aber jedes Mal entsteht diese famose »Pasta ripiena«, die ihr kulinarisches Geheimnis erst preisgibt, wenn man sie mit der Gabel sanft zerteilt.

Für meine Tortelloni Nudelteig (ein Drittel der angegebenen Mengen) wie auf Seite 100 beschrieben kneten und mit der Nudelmaschine bis Stufe 4 auswalzen. Teigbahn auf eine bemehlte Arbeitsfläche legen und mit einem Ausstecher oder Glas (ca. 7 cm Ø) Kreise ausstechen. Auf die Hälfte der Teigkreise in die Mitte jeweils 1 Klecks der gewünschten Füllung geben, die Teigränder mit Wasser befeuchten. Die übrigen Teigkreise ebenfalls mit Wasser befeuchten und mit dieser Seite auf die gefüllten Kreise legen, die Ränder fest andrücken.

In einem großen weiten Topf reichlich Wasser zum Kochen bringen und salzen. Die Tortelloni ins Wasser geben, kurz aufkochen und dann ca. 10 Min. bei geringer Hitze nur noch leicht sieden lassen. Zwischendurch die Tortelloni einmal wenden. Jetzt die Pasta mit einem Schaumlöffel aus dem Wasser heben und kurz in einer der Saucen von Seite 104 schwenken – zu der Fisch-Ricotta-Füllung passt die Safran-Mohn-Sauce am besten, zur Auberginen-Ricotta-Füllung die Tomaten-Steinpilz-Sauce und zur Leber-Ricotta-Füllung die Salbeibutter – und servieren.

Fisch-Ricotta-Füllung

200 g Steinbeißerfilet falls nötig von Gräten befreien, in grobe Stücke schneiden und im Mixer mit 100 g Ricotta pürieren. Die Farce mit 2 EL frisch gepresstem Zitronensaft, Salz und Pfeffer aus der Mühle würzen.

Auberginen-Ricotta-Füllung

Backofen auf 180 °C (Ober- und Unterhitze) vorheizen. 1 Aubergine (ca. 150 g) mit einer Gabel rundherum mehrmals einstechen, auf den Rost des Ofens (Mitte) legen und ca. 30 Min. garen. Aubergine etwas abkühlen lassen, halbieren und das Fruchtfleisch mit einem Löffel aus den Schalen kratzen. 2 Knoblauchzehen schälen und grob schneiden. Auberginenfleisch und Knoblauch mit je 1 EL Ricotta und Mascarpone sowie 2 EL Semmelbröseln im Mixer fein pürieren. 20 g frisch geriebenen Parmesan dazugeben, salzen, pfeffern und noch mal durchmixen.

Leber-Ricotta-Füllung

Von 4 Frühlingszwiebeln dunkles Grün und Wurzeln abschneiden, die Zwiebeln waschen. 1 Knoblauchzehe schälen und mit den Zwiebeln fein hacken. 2 Zweige Thymian abbrausen, trocken schütteln und die Blättchen abzupfen. In einer Pfanne 2 EL Olivenöl erhitzen und darin Zwiebeln und Knoblauch andünsten. Mit 100 ml Sherry ablöschen, vom Herd nehmen, etwas abkühlen lassen. 200 g Hähnchenlebern waschen, grob zerteilen und zusammen mit 100 g Ricotta, dem Zwiebel-Knoblauch-Sud und den Thymianblättchen im Mixer pürieren. 20 g frisch geriebenen Parmesan dazugeben, mit Salz und Pfeffer aus der Mühle würzen, nochmal kurz pürieren. Die Masse danach kalt stellen.

Nudelsauce – viermal anders

Die erste italienische Sauce, der ich verfallen bin, war natürlich die Carbonara. Hätte geschworen, mit ihr mein Leben zu teilen. Aber dann kam es, wie es kommen musste: Ich lernte andere kennen. Diese Saucen haben alle vier das Potenzial, eine Zeitlang auf Platz 1 zu stehen.

Safran-Mohn-Sauce
Auch optisch ein absolutes Highlight!

100 g Kirschtomaten waschen, vierteln, entkernen. 200 g Sahne, 200 ml Fischfond (aus dem Glas) und 4 Döschen gemahlenen Safran (je 0,1 g) in einem Topf erhitzen und um ein Drittel einkochen lassen. 25 g Mohnsamen dazugeben und alles 4 Min. weiterkochen, mit 3 EL Balsamico bianco würzen. 50 g kalte Butter in kleinen Stückchen unter die Sauce schlagen, dann Tomaten dazugeben und heiß werden lassen. Mit Salz und Pfeffer aus der Mühle würzen. Passt sehr gut zu Tortelloni mit Fisch-Ricotta-Füllung oder zu Pasta mit Ricotta-, Spinat- oder auch Käsefüllung.

Salbeibutter
Burro salvia – der Klassiker, der zu fast allen gefüllten Nudeln passt.

100 g Butter zerlassen und darin 16 Salbeiblätter 3–4 Min. bei mittlerer Hitze andünsten. Die Kunst ist es, die Butter dabei leicht zu bräunen, aber nicht verbrennen zu lassen. Fertig! Beim Mischen mit den Nudeln dann nur noch ein wenig Nudelkochwasser dazugeben. Und zum Schluss unbedingt 50 g frisch geriebenen Parmesan aufstreuen. Passt sehr gut zu Tortelloni mit Leberfüllung oder allen anderen Sorten gefüllter Pasta.

Tomaten-Steinpilz-Sauce
Eine frische Sauce mit den aromatischen Früchten des Feldes und des Waldes.

300 g Steinpilze putzen und die Stielenden abschneiden, Pilze in dünne Scheiben schneiden. 4 Knoblauchzehen schälen, ebenfalls fein schneiden. 250 g Kirschtomaten waschen, vierteln und entkernen. 1 Bund Basilikum abbrausen und trocken schütteln, die Blättchen abzupfen. Ein paar Blättchen für die Deko beiseitelegen, den Rest klein hacken. In einer großen Pfanne 3 EL Olivenöl erhitzen und den Knoblauch darin kurz anrösten. Die Steinpilze dazugeben, in ca. 5 Min. bei mittlerer Hitze kross braten. Salzen und pfeffern, weitere 2 Min. braten. Die Tomaten in die Sauce geben, kurz aufkochen. Gehacktes Basilikum und 3 EL Olivenöl dazugeben, mit Salz und Pfeffer aus der Mühle abschmecken. Restliche Basilikumblätter übers fertige Pastagericht streuen. Passt sehr gut zu Tortelloni mit Auberginen-Ricotta-Füllung.

Gorgonzolasauce à la Vittorio
Vittorio, ein Neapolitaner, hatte mir geschworen, dies sei die einzig richtige Art, wie man Pasta mit Gorgonzola zubereitet. Damals fuhren wir in einem Affentempo durch die engen Kurven vor Florenz. Und seit dieser Zeit mache ich diese Sauce mit saurer Sahne, nicht mit süßer. Erst nachdem wir im Piemont vergeblich nach »Panna acida« (saurer Sahne) gesucht haben, begann ich langsam daran zu zweifeln, ob es sich bei Vittorios Rezept um ein Original handelt. Egal, in jedem Fall ist es eine wunderbar leichte Variante des italienischen Klassikers.

50 g Butter im Topf schmelzen und bei mittlerer Hitze goldbraun werden lassen. 300 g saure Sahne dazugeben und unterrühren. Dann 150 g Gorgonzola in Stückchen dazugeben und in der Sahne schmelzen lassen. Mit Salz und weißem Pfeffer aus der Mühle abschmecken. Passt zu allen drei Tortellonifüllungen und zu grünen Bandnudeln.

PRIMI PIATTI

Die Genovesen behaupten, dass Basilikum aus Ligurien das Beste der Welt sei, natürlich speziell das aus der Provinz Genua. In langen Reihen angebaut und in sattem Grün, lässt das Meerklima es dort langsam und sanft reifen. Deshalb ist das Kraut äußerst intensiv im Geschmack, aber nicht scharf und parfümartig, wie manch eines, das dieses Klima nicht genießen konnte. Echte Klassiker, die damit zubereitet werden, sind Pesto mit Trofie, eine kleine, feste Pasta-Art, fast so wie Spätzle. Und diese Lasagne: sonnig und cremig zugleich.

Lasagne con pesto
Lasagne mit Basilikumpesto

Für 4 Personen
Zubereitungszeit: ca. 25 Min.
(+ Teigherstellung)
Backzeit: ca. 20 Min.
Pro Portion: ca. 805 kcal

⅓ Rezept Nudelteig (Seite 100)
1 Knoblauchzehe
1 EL Butter
1 EL Mehl
200 ml Milch
Salz | Pfeffer aus der Mühle
40 g Pinienkerne
2 Kugeln Mozzarella (je 125 g)
ca. ½ Rezept Pesto alla Genovese (150 g, Seite 68, ersatzweise Basilikumpesto aus dem Glas)
30 g frisch geriebener Parmesan

1 Den Nudelteig herstellen wie auf Seite 100 beschrieben, in 4 gleich große Portionen teilen und daraus jeweils eine Teigbahn bis Stufe 5 auswalzen. Die Teigbahnen zu Platten schneiden, die gut in eine große Auflaufform (ca. 1 l Inhalt) passen.

2 Den Knoblauch schälen und mit einem Stößel oder der flachen Seite eines großen Messers kräftig andrücken. Die Butter in einem Topf zerlassen und bei mittlerer Hitze leicht bräunen. Das Mehl dazugeben und mit dem Schneebesen kräftig durchrühren. Dann unter weiterem Rühren nach und nach die Milch dazugießen. Den Knoblauch dazugeben und alles aufkochen lassen. Es sollte eine dickflüssige Béchamelsauce entstehen. Topf vom Herd nehmen, Sauce mit Salz und Pfeffer würzen, Knoblauch entfernen.

3 Den Backofen auf 180 °C (Ober- und Unterhitze) vorheizen. Die Pinienkerne in einer Pfanne trocken goldbraun anrösten. Den Mozzarella mit den Fingern in kleine Stücke zupfen.

4 In die Auflaufform Sauce, Teigplatten, Pinienkerne, Mozzarella, Pesto und Parmesan so einschichten, dass alles gleichmäßig verteilt ist. Dabei mit der Béchamelsauce und einer Teigplatte beginnen, mit der Sauce, Parmesan und Pinienkernen abschließen. Im Ofen (Mitte) ca. 20 Min. backen.

Das ist also der Trick, denke ich: Nonna Carla formt aus frischen Nudelteigplatten die Cannelloni. Ich dagegen füllte die dicken fertigen Röhren mühsam mit dem Spritzbeutel. Wenn ich keinen frischen Teig habe, koche ich fertige Lasagnenudeln, bestreiche sie mit der Farce aus Ricotta und Hähnchenfilet und rolle sie dann zu Cannelloni.

Cannelloni con pollo e ricotta

Cannelloni mit Hähnchen-Ricotta-Füllung

Für 4 Personen
Zubereitungszeit: ca. 45 Min.
(+ Teigherstellung)
Backzeit: ca. 25 Min.
Pro Portion: ca. 830 kcal

⅓ Rezept Nudelteig (Seite 100)
500 g Blattspinat
150 g Champignons
Salz
200 g Hähnchenbrustfilet
250 g Ricotta
1 Ei (Größe M)
Pfeffer aus der Mühle
4 EL Sonnenblumenöl
100 ml Weißwein
100 g Gorgonzola
150 g Sahne
50 g Walnüsse
30 g frisch geriebener Parmesan

1 Den Nudelteig herstellen und bis Stufe 4 auswalzen wie auf Seite 100 beschrieben. Dann die Teigbahnen in 8 Platten (ca. 10 x 15 cm) schneiden.

2 Den Spinat verlesen, putzen und gründlich waschen. Die Champignons mit einem feuchten Küchenpapier abreiben, die Stielenden abschneiden und die Pilze je nach Größe ganz lassen, halbieren oder vierteln.

3 Den Spinat mit ca. 150 ml Salzwasser in einen großen Topf geben, aufkochen und ca. 5 Min. kochen lassen. Dann in einem Sieb abtropfen lassen, dabei das Kochwasser auffangen. Inzwischen Hähnchenfilet grob würfeln und mit Ricotta und Ei in einem Mixer zu einer feinen Farce pürieren. Mit Salz und Pfeffer würzen.

4 Das Öl in einer Pfanne erhitzen. Darin die Champignons schön braun anbraten, mit Weißwein und dem Spinatkochwasser ablöschen. Gorgonzola dazubröckeln und darin schmelzen lassen. Sahne und Walnüsse dazugeben, salzen und pfeffern. Sauce ca. 10 Min. bei mittlerer Hitze köcheln lassen.

5 Den Backofen auf 170 °C (Ober- und Unterhitze) vorheizen. Die Teigplatten auf der Arbeitsfläche auslegen und den Spinat gleichmäßig darauf verteilen, darauf die Hähnchen-Ricotta-Farce geben (sollte Füllung übrig bleiben, unter die Sauce mischen). Die Teigplatten zu Cannelloni aufrollen.

6 In eine Auflaufform (ca. 1 l Inhalt) ein Fünftel der Sauce geben. Die Cannelloni hineinsetzen und mit der restlichen Sauce begießen. Im Ofen (Mitte) ca. 20 Min. backen. Dann den Ofen ausschalten und die Nudeln noch ca. 5 Min. ziehen lassen. Mit dem Parmesan bestreuen, servieren.

Tajarin con burro e prezzemolo
Bandnudeln mit Butter und Petersilie

Absolut schützenswert, denn dieses einfache Gericht ist vom Aussterben bedroht: frische Nudeln nur in goldgelber Butter geschwenkt und mit glatter Petersilie bestreut! Und mit reichlich (piemontesischen) Eigelben im Teig, nach denen die Bandnudeln herrlich intensiv schmecken. Dazu brauchen diese Nudeln im Topf nur zwei, drei Minuten, bis sie al dente und somit schnell auf dem Teller sind. Wer sie zum Schluss noch mit etwas Knoblauch – gerade im Garten geerntet – und körnigem Parmesan krönt ... Bitte mehr!

Für 4 Personen
Zubereitungszeit: ca. 35 Min.
(+ Teigruhezeit)
Pro Portion: ca. 745 kcal

400 g Weizenmehl (Type 0)
100 g Hartweizenmehl
9 Eigelb (Größe M)
1 EL Olivenöl | Salz
150 g Butter | 1 Bund Petersilie
2 Knoblauchzehen
50 g frisch geriebener Parmesan

1 Wie auf Seite 100 beschrieben aus beiden Mehlsorten, den Eigelben und dem Olivenöl einen Nudelteig zubereiten (sollte der Teig zu fest sein, wenig eiskaltes Wasser dazugeben) und bis Stufe 2 auswalzen. Teigbahnen mit der Nudelmaschine (kleinste Breite) in dünne Bandnudeln schneiden.

2 In einem großen Topf reichlich Wasser zum Kochen bringen, salzen. Die Nudeln darin in 2–3 Min. al dente garen. Inzwischen Butter zerlassen. Petersilie abbrausen, trocken schütteln, grob hacken. Den Knoblauch schälen.

3 Die Nudeln in ein Sieb abgießen und zurück in den Topf geben. Butter darüberlaufen lassen, Knoblauch dazupressen, durchrühren. Die Pasta auf Teller verteilen und mit Petersilie und Parmesan bestreuen.

Spaghetti aglio olio con peperoncino
Spaghetti mit Knoblauchöl und Peperoni

In Florenz habe ich die besten »Spaghetti aglio e olio« gegessen – mit dem perfekten Verhältnis von Schärfe, Knoblauch, Öl und einem so frischen Parmesan, dass die Reibe ihn nur schwer in körnige Bröckchen zerbröseln konnte. Aber seit ich Reinharts Aglio olio kenne, ist diese kleine Trattoria auf Platz 2 gerutscht.

Für 4 Personen
Zubereitungszeit: ca. 30 Min.
Pro Portion: ca. 530 kcal

350 g Spaghetti | Salz
5 große Knoblauchzehen (vorzugsweise rosa Knoblauch)
2 kleine rote Peperoni
8 EL Olivenöl
Pfeffer aus der Mühle
30 g frisch geriebener Parmesan

1 Für die Spaghetti in einem großen Topf reichlich Wasser zum Kochen bringen, salzen. Darin die Nudeln nach Packungsaufschrift al dente garen.

2 Inzwischen Knoblauch schälen, 2 Zehen in dünne Scheiben schneiden, den Rest fein hacken. Die Peperoni waschen, entstielen und in feine Ringe schneiden. In einem kleinen Topf 4 EL Olivenöl erhitzen. Darin die Knoblauchscheiben anrösten, Peperoni dazugeben. Wenn die Knoblauchscheiben schön braun sind, Topf vom Herd nehmen. Übriges Öl und den gehackten Knoblauch unter das Knoblauchöl mischen. Mit Salz und Pfeffer würzen.

3 Spaghetti in ein Sieb abgießen, zurück in den Topf geben und mit dem Knoblauchöl vermischen. Auf Teller anrichten, mit Parmesan bestreuen.

PRIMI PIATTI

Für 4 Personen
Zubereitungszeit: ca. 1 Std.
Pro Portion: ca. 505 kcal

20 g getrocknete Steinpilze
1 kg Vongole (Venusmuscheln)
5 Knoblauchzehen
1 Bund glatte Petersilie
1 kleine rote Peperoni
6 EL Olivenöl (+ etwas mehr
  zum Beträufeln)
Salz
350 g Spaghetti
Pfeffer aus der Mühle

Spaghetti con vongole e porcini secchi
Spaghetti mit Vongole und getrockneten Steinpilzen

Wir hatten in der kleinen Ölmühle bei Albenga eingekauft und fuhren danach in den hübschen Küstenort zum Essen. Auf Holzplanken gebaut, verwittert von Sonne und Salzwasser, gibt es dort eine kleine Trattoria direkt am Meer. Als Antipasti wurde uns warmer Kartoffelsalat mit Tintenfisch und ligurischen Oliven serviert. Als Primi kam diese köstliche Kombination aus Venusmuscheln und getrockneten Steinpilzen auf den Tisch.

1 Die Steinpilze in 200 ml Wasser ca. 30 Min einweichen. Inzwischen die Muscheln putzen: Alle Vongole mit kaputter oder angeknackster Schale aussortieren. Die restlichen Muscheln in kaltes Wasser legen, damit sich die Schalen schließen können. Alle Muscheln, die geöffnet bleiben, entfernen. Die Vongole aus dem Wasser nehmen und in einem Sieb abtropfen lassen. Den Knoblauch schälen und in feine Streifen schneiden. Die Petersilie abbrausen und trocken schütteln, die Blättchen abzupfen und fein hacken. Peperoni waschen, entstielen und ebenfalls fein hacken.

2 Die Steinpilze in ein Sieb gießen und ausdrücken, das Einweichwasser auffangen. In einem kleinen Topf 2 EL Olivenöl erhitzen. Darin ein Drittel des Knoblauches andünsten. Steinpilze, die Hälfte der Petersilie und die Peperoni dazugeben und kurz mitdünsten. Mit Steinpilzwasser ablöschen und ca. 5 Min. bei geringer Hitze einköcheln lassen.

3 Gleichzeitig in einer großen Pfanne übriges Olivenöl erhitzen und darin den restlichen Knoblauch andünsten. Muscheln dazugeben und 4–5 Min. unter öfterem Umrühren bei starker Hitze braten. Dabei entweicht das in den Muscheln eingeschlossene (Salz-)Wasser. Jetzt müssen alle Muscheln geöffnet sein, geschlossene Muscheln entfernen. Pfanne vom Herd ziehen. Gut zwei Drittel der Vongole mit einem Schaumlöffel aus der Pfanne holen, das Fleisch aus den Schalen pulen und wieder in die Pfanne geben. Den Steinpilzsud dazugeben und untermischen.

4 In einem großen Topf reichlich Wasser zum Kochen bringen, salzen. Darin die Nudeln nach Packungsaufschrift al dente kochen.

5 Die Muscheln in der Pfanne wieder erhitzen und 3–4 Min. bei geringer Hitze sanft köcheln lassen. Mit Pfeffer und eventuell Salz würzen, von dem Nudelwasser 2–3 EL in die Pfanne geben. Die Nudeln in ein Sieb abgießen, unter die Muscheln rühren und alles kurz zusammen schmoren lassen. Auf Teller anrichten, mit Öl beträufeln und mit der übrigen Petersilie bestreuen.

Rigatoni con salsa di pomodori freschi
Rigatoni mit frischer Tomatensauce

Wieder so ein einfaches Essen, das verdammt gut schmeckt. Natürlich nur, wenn die Tomaten auch richtig schön »maturi« (reif) sind. Und sie sollten auf jeden Fall Zimmertemperatur haben, im besten Fall gerade geerntet sein. Mit Basilikum bestreut ist diese Pasta ein leichter Sommergenuss!

Für 4 Personen
Zubereitungszeit: ca. 25 Min.
Pro Portion: ca. 590 kcal

350 g Rigatoni
Salz
1 kg sonnengereifte Tomaten
1 großes Bund Basilikum
1 kleine rote Peperoni
2 Knoblauchzehen
8 EL Olivenöl (+ etwas mehr zum Beträufeln)
Pfeffer aus der Mühle
50 g frisch geriebener Parmesan

1 In einem großen Topf für die Nudeln reichlich Wasser zum Kochen bringen, salzen. Darin die Rigatoni nach Packungsaufschrift al dente kochen.

2 In der Zwischenzeit Tomaten waschen und in kleine Würfel schneiden, dabei die Stielansätze entfernen. Basilikum abbrausen und trocken schütteln, die Blättchen abzupfen und grob hacken. Peperoni waschen, entstielen und fein hacken. Den Knoblauch schälen.

3 In einer Schüssel die Tomaten mit dem Basilikum, der Peperoni und dem Olivenöl vermischen. Mit Salz und Pfeffer würzen, den Knoblauch durch die Presse dazudrücken und unterrühren.

4 Die Rigatoni in ein Sieb abgießen, kurz abtropfen lassen und auf Tellern (möglichst vorgewärmt) anrichten. Die frische Tomatensauce darüber verteilen, etwas Olivenöl darüberträufen und die Pasta mit dem geriebenen Parmesan bestreuen.

Guter Oregano kommt – veramente – aus Sizilien. Natürlich! Auf dem Markt kann man ihn in langen, getrockneten Zweigen kaufen. Scheinbar braucht er diese intensive südliche Sonne, um sein Aroma richtig gut zu entfalten. Deshalb ist Oregano eines der wenigen Kräuter, die ich lieber getrocknet verwende, obwohl ich sie frisch im Garten habe. In den Fleischklößchen macht er sich jedenfalls ganz ausgezeichnet.

Tagliatelle con polpette

Tagliatelle mit Hackklößchen

Für 4 Personen
Zubereitungszeit: ca. 1 Std.
Backzeit: ca. 25 Min.
Pro Portion: ca. 735 kcal

1 altbackenes Brötchen
1 kg sonnengereifte Tomaten
  (gemischte Sorten, davon 100 g
  Kirschtomaten)
3 Knoblauchzehen
2 EL Kapern (in Salz)
250 g gemischtes Hackfleisch
1 Ei (Größe M)
20 g frisch geriebener Parmesan
fein abgeriebene Schale von
  ½ Bio-Zitrone
½ TL getrockneter Oregano
Salz | Pfeffer aus der Mühle
4 EL Olivenöl
200 g (ligurische) Oliven
250 g Tagliatelle
1 Kugel Mozzarella (125 g)

1 Das Brötchen in Wasser ca. 5 Min. einweichen. Inzwischen die Tomaten waschen. Die normalen Tomaten grob zerteilen, dabei die Stielansätze entfernen. Die Kirschtomaten ganz lassen. Den Knoblauch schälen, 2 Zehen in feine Scheiben schneiden. Die Kapern in einem Sieb abbrausen.

2 Das Brötchen gut ausdrücken und mit dem Hackfleisch in eine Schüssel geben. Die übrige ganze Knoblauchzehe durch die Presse dazudrücken. Ei, Parmesan, Zitronenschale und Oregano dazugeben, salzen und pfeffern. Die Masse mit den Händen kräftig durchmengen, bis ein homogener glatter Teig entstanden ist. Dann daraus nach und nach kleine Hackklößchen formen.

3 Das Öl in einer großen Pfanne erhitzen. Darin die Hackklößchen bei mittlerer Hitze rundherum in ca. 10 Min. goldbraun braten (erst wenden, wenn sie sich vom Pfannenboden lösen). Wenn die Klößchen schön gebräunt sind, die Knoblauchstreifen dazugeben und kurz mitrösten.

4 Die Hackklößchen aus der Pfanne nehmen. Die Tomaten in die Pfanne geben, Kapern und Oliven untermischen, ca. 5 Min. köcheln lassen. In der Zwischenzeit den Backofen auf 180 °C (Ober- und Unterhitze) vorheizen. In einem großen Topf reichlich Wasser zum Kochen bringen, salzen. Darin die Nudeln die Hälfte der empfohlenen Garzeit kochen, abgießen, abschrecken.

5 Die Tagliatelle portionsweise mit einer Gabel zu kleinen Nestern formen und nebeneinander in eine Auflaufform setzen. In die Mitte der Nester je 1 Hackklößchen legen, die Tomatensauce darüber verteilen.

6 Die Form in den Ofen (Mitte) stellen und Nudeln, Klößchen und Sauce ca. 15 Min. backen. Den Mozzarella klein schneiden und über die Nudeln geben, alles noch ca. 10 Min. weiterbacken.

Nach Novara wird die Landschaft satt grün. Es ist ein Grün, das ich sonst nur von den asiatischen Reisterrassen kenne. Aber da zwischen Novara und Turin ein Hauptanbaugebiet für Risottoreis liegt, erklärt sich diese Färbung, die vor dem Westalpenbogen ein malerisches Bild zaubert. Zu den bekanntesten Risottoreisarten zählen Arborio (großes Korn), Vialone (mittelgroß) und Carnaroli (superfein). Zu dem recht kräftigen Aroma dieses Gerichts, das sich aus Feigen, Lardo und Rosmarin ergibt, passt der Arborio sehr gut.

Risotto con lardo, fichi e rosmarino

Risotto mit Lardo, Feigen und Rosmarin

Für 4 Personen
Zubereitungszeit: ca. 55 Min.
Pro Portion: ca. 575 kcal

650 ml Hühnerbrühe
4 Frühlingszwiebeln
2 Zweige Rosmarin
80 g dünne Lardo-Scheiben (besonders gereifter fetter Speck)
2 EL Olivenöl
250 g Risottoreis (vorzugsweise eine Reissorte mit großem Korn, z. B. Arborio)
⅛ l Weißwein
8 grüne Feigen
4 EL Butter
40 g frisch geriebener Parmesan
Salz | Pfeffer aus der Mühle

1 Die Hühnerbrühe in einem Topf erhitzen und auf der Herdplatte heiß halten. Von den Frühlingszwiebeln das dunkle Grün und die Wurzeln abschneiden. Die Zwiebeln waschen und fein schneiden. Rosmarin abbrausen und trocken schütteln, Blättchen abzupfen und die Hälfte davon fein hacken. Den Lardo ebenfalls fein hacken.

2 In einer großen Pfanne das Öl erhitzen. Darin die Frühlingszwiebeln, den gehackten Rosmarin und den Lardo andünsten. Den Reis in die Pfanne geben, unter Rühren ca. 1 Min. andünsten. Mit dem Weißwein ablöschen und 2 Schöpfkellen Brühe dazugeben. Den Risotto bei geringer Hitze unter häufigem Rühren ca. 25 Min. sanft kochen lassen, bis er sämig ist, die Reiskörner aber noch Biss haben. Dabei immer wieder erneut Hühnerbrühe dazugeben, wenn die Flüssigkeit verkocht ist.

3 Inzwischen die Feigen waschen und 4 davon in kleine Stücke, den Rest in dünne Scheiben schneiden. Die Feigenstücke nach ca. 12 Min. Garzeit zum Reis geben und vorsichtig untermischen.

4 Kurz vor Garzeitende in einer zweiten Pfanne 2 EL Butter zerlassen und darin die restlichen Rosmarinblättchen anrösten. Die Feigenscheiben dazugeben und kurz mitrösten.

5 Den fertigen Risotto vom Herd nehmen und die übrige Butter und den Parmesan einrühren. Mit Salz und Pfeffer würzen. Den Risotto auf Teller verteilen und mit den Rosmarinfeigen garnieren.

TARTUFO
Trüffel

Im September, wenn Nebel wie ein weißes Tuch über dem Piemont liegt und sich die ersten Blätter verfärben, beginnt die Saison für die Königin der Pilze: die weiße Trüffel. Dann streift der Trifolao mit seinem Hund auf der Suche nach dem Schatz durch den Wald.

In Italien werden ausschließlich Hunde zur Trüffelsuche eingesetzt.

Privat! Schilder im Wald sollen kulinarische Räuber abwehren.

Die Trüffeln im Piemont sind wie die Austern in der Bretagne, die Nordseekrabben, dort wo sie gefangen werden, und der Kaviar auf der Krim. Sie gehören einfach dazu!

Angeblich sollen im Piemont 2000 Kilo weiße Trüffeln jährlich gefunden und verkauft werden. Offiziell zumindest.

Die Saison für die Weiße dauert von Mitte September bis Ende Dezember. Danach ist wie beim Spargelstechen Schluss. Für schwarze Wintertrüffeln geht die Suche noch bis März weiter. Im sehr trockenen Sommer 2007 war allerdings alles anders. Der Boden war ausgedörrt und das Pilzmyzel entwickelte sich nur sehr schlecht. Die Preise für die Weißen stiegen auf über 9000 Euro für das Kilo.

In Mondovì auf der »Peccati di Gola«, der lokalen Trüffelmesse, hatten wir unsere erste Begegnung mit der weißen Trüffel. Dort treffen sich jedes Jahr Feinschmecker aus dem ganzen Land auf der Piazza, dem höchsten Teil der Stadt.

Bereits beim Eingang roch man ihn, den unglaublichen Duft, den die Weißen verbreiteten. Wie kleine Schmuckstücke präsentierten die Händler in Vitrinen das schwarze und weiße »Gold«. Der Preis: 10 Euro für eine Schwarze, über 30 Euro für eine kleine Weiße.

Für Weihnachten. Für Weihnachten könnten wir uns doch vielleicht eine Trüffel leisten. Eine schwarze, etwas größere natürlich. Oder eine ganz, ganz kleine weiße. Schüchtern fragten wir nach dem Preis. Und wie lange sich denn so eine Trüffel halten würde?

Der Trifolao hatte uns nicht verstanden, denn sein Blick zeigte deutliches Unverständnis. Ich versuchte es noch einmal mit meinem gebrochenen Italienisch: »Quanti giorni è possibile in frigorifero?« Wie viel Tage ist es möglich im Kühlschrank?

Er lächelte. Wenn man die Trüffel in ein Papiertuch einwickelte und sie dann im Gemüsefach des Kühlschranks lagerte, könnte sie sich schon ein paar Tage halten. Auch eine Woche. Aber warum, warum in Gottes Namen wollten wir sie denn aufbewahren?

Na ja, so etwas Kostbares konnte man doch nicht sofort essen. Das musste man zurücklegen, Freunden zeigen, täglich mal daran riechen. Aber essen?!

Was wir dann lernten, möchten wir als die acht piemontesischen Regeln für den sündhaften Genuss von Trüffeln bezeichnen:

1 Wenn Du eine Trüffel hast, bewahre sie nicht auf. Iss sie gleich. Dann ist sie am besten. Iss sie ganz. Angebrochen verliert sie rasch ihren guten Geschmack.

2 Wenn Du die Wahl hast zwischen einer schwarzen und einer weißen Trüffel, nimm die weiße. Die paar Euro Unterschied!

3 Wenn Du keinerlei weiße Trüffeln bekommen kannst, iss getrost die schwarzen. Richtig frisch sind die auch fantastisch.

4 Teile die Weiße mit so wenigen Menschen wie möglich. Zu zweit ist eine Trüffel ideal, wenn man sie schön dünn hobelt und üppig davon nimmt. Bei der Schwarzen brauchst Du nicht so geizig zu sein.

5 Egal ob schwarz oder weiß – iss sie pur. Nur ein paar Scheibchen auf feine Rühreier oder Tagliatelle mit Butter. Schnickschnack verdirbt den Geschmack.

6 Nimm immer die frischen Trüffeln. Darbe lieber, als sie im Glas zu kaufen. Die sind Augenwischereien für Möchtegerntrüffelesser. Mit fertiger Trüffelcreme oder -butter kann man die Zeit überstehen, in der es keine frischen Trüffeln gibt.

7 Schau dir den, von dem Du die Trüffeln kaufst, gut an. Am besten Du kennst ihn. Es soll schon die ein oder andere Gaunerei gegeben haben.

8 Iss sie unbedingt »crudo«, also roh. Wenn Du die Trüffeln kochst, gehen die wunderbaren Aromastoffe kaputt.

Die lokale Trüffel- und Feinschmeckermesse »Peccati di Gola« in Mondovì findet jährlich Ende Oktober statt.

Auf dem Markt werden die angebotenen Trüffeln auch schon mal probiert.

Die schwarze Trüffel ist eine gute Alternative zur teureren weißen, vorausgesetzt sie ist richtig frisch.

Am Abend nach der »Peccati di Gola«: Wir sitzen vorm Kamin. Es ist frisch draußen. Auf dem Tisch aus Schalbrettern, den Reinhart gebaut hat, stehen die dampfenden Tagliatelle vom Feinschmeckerladen »Marchisio« in Mondovì. Sie duften ganz herrlich, denn auf ihnen liegt die gehobelte schwarze Trüffel. Durch die Fenster pfeift der Wind.

»Wie schmeckt sie dir?«, frage ich. »Irgendwie nussig«, meint Reinhart. Wir hatten uns mehr vorgestellt. Das ultimative Geschmackserlebnis erwartet. Von dieser ersten schwarzen Trüffel.

Im Piemont unterscheidet man drei verschiedene Trüffelsorten.

Die **schwarze Sommertrüffel »Tuber aestivum«**. Ernte von Mai bis November.

Die Sommertrüffel kostet um die 500 Euro pro Kilo und für 10 Euro hat man ein schönes Abendessen und ein Trüffelrührei für den Morgen danach. Der Geschmack ist nicht so intensiv, wie der der winterlichen Schwester. Dafür nimmt man einfach etwas mehr und hobelt die Scheiben dicker. Die Schale hat dicke schwarze Warzen, die man mit dem Fingern abknipsen kann. Manche schälen die Trüffel auch ganz. Es empfiehlt sich ein größeres Exemplar zu nehmen, da sonst die Schale leicht zu dominant ist. Das Innere der Trüffel ist braun-weiß marmoriert.

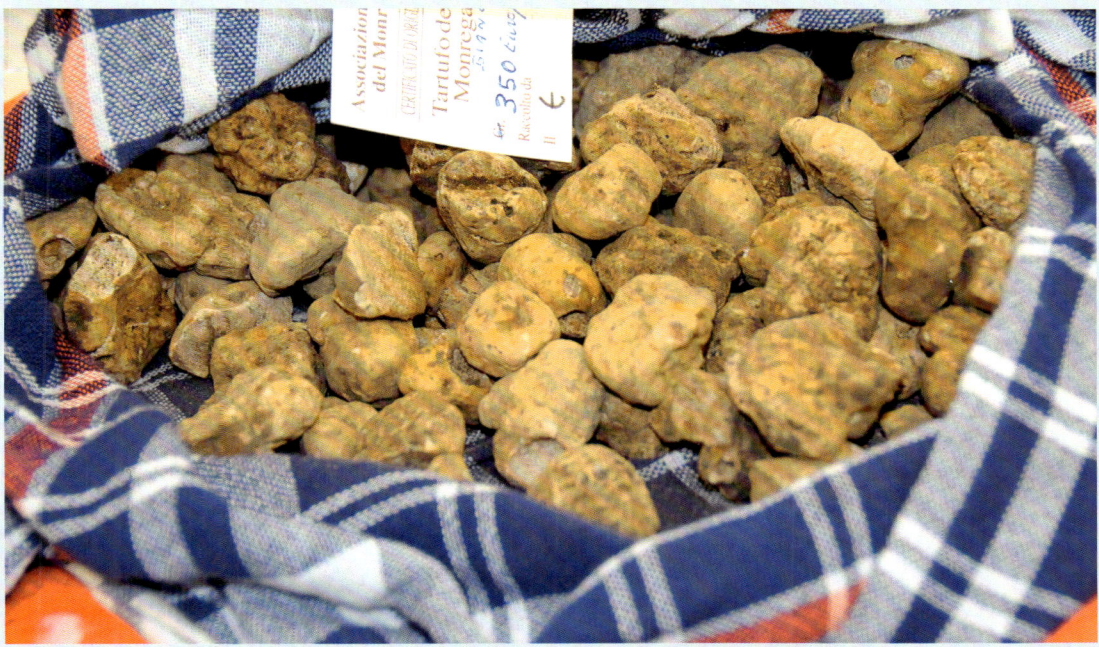
Die weiße Trüffel ist das teuerste Lebensmittel der Welt und die unbestrittene Königin der Pilze.

Die **schwarze Wintertrüffel »Tuber brumale«.** Ernte von November bis März.

Schwarze Wintertrüffeln kosten um die 800 Euro pro Kilo und sind immer eine gute Alternative zu den um einiges teureren weißen Trüffeln. Geschmacklich liegen sie in der Familie der Sommertrüffeln. Wintertrüffel haben eine sehr dunkle, feinwarzige Rinde. Das Innere ist weiß-braun marmoriert. Sehr dunkle Exemplare können durchaus mit der Périgord-Trüffel verwechselt werden. Die schwarze Wintertrüffel bevorzugt kalkreiche, lehmige Böden und kann mit einer Vielzahl von Baumarten wachsen.

Die **weiße Trüffel »Tuber magnatum Pico«.** Ernte von September bis Dezember.

Diese Trüffelsorte ist als die »weiße Albatrüffel« bekannt geworden. Anfang der Dreißiger Jahre hatte der Hotelbesitzer Giacomo Morra aus Alba die Idee, jedes Jahr das schönste Exemplar einer bekannten Persönlichkeit zu schenken. So wurde im Laufe der Jahre die »Tuber magnatum Pico« gleichgesetzt mit der weißen Trüffel aus Alba und zum internationalen Aushängeschild der Stadt. Die famose PR-Kampagne hatte den Effekt, dass viele sogar glaubten, die weiße Trüffel gäbe es nur in Alba und somit im Piemont.

Die erste PR-Trüffel ging an Umberto von Savoyen, letzter König von Italien. 1949 war Rita Hayworth die überglückliche Empfängerin, danach der US-Präsident Harry Truman, der ein Exemplar von unerreichten 2,5 Kilo bekam. Ihm folgten Winston Churchill, Marilyn Monroe, Joe DiMaggio, Ike Eisenhower und Nikita Chruschtschow, Königin Elisabeth von England, Charles De Gaulle, Jacqueline Kennedy, der Präsident der USA Lyndon Johnson und einige mehr. Seitdem findet alljährlich in Alba die Trüffelmesse statt. Der Erfinder: ebenfalls Giacomo Morra. In der letzten Zeit gingen die teuersten Stücke an einen Industriellen aus Hongkong. Der ersteigerte drei weiße Trüffeln mit einem Gesamtgewicht von 1,5 Kilo zum stolzen Preis von 125 000 Euro. Die weiße Trüffel ist wohl das teuerste Lebensmittel der Welt. Die Preise sind stark schwankend und richten sich natürlich nach dem Angebot.

Die Weiße hat eine dünne, hellbeige, fast glatte Haut und ein ebenfalls leicht weiß-hellbeige marmoriertes Inneres. Die Kultivierung dieser Sorte ist bislang noch nicht geglückt. Maximal zehn Tage lang hält sich die Trüffel und lässt sich in der Gegend um Langhe, Roero und Monferrato finden.

Trüffeln werden einfach über frische Pasta mit Butter oder ein Rührei gehobelt. So schmecken sie am besten.

Eines vorweg: Trüffeln machen süchtig.

Manchmal sitze ich Tage nach unserer Heimkehr aus Mondovì in meinem Büro in Hannover auf der Expo Plaza. Bin gerade aus der Mensa gekommen. Aus dem vierten Stock sieht man Autoschlangen, die zur Messe fahren.

Da liegt plötzlich dieser Wohlgeschmack ganz hinten auf meiner Zunge. Hm, wonach schmeckt es. Mensa? Nein. Ausgeschlossen! Dann weiß ich es: Trüffel. Und sofort, absolut sofort, möchte ich eine haben. Egal ob Sommer- oder Wintertrüffel, weiß oder schwarz. Es ist ein Aroma, das man nicht beschreiben kann. Schmeckt die schwarze Trüffel irgendwie nussig und die weiße irgendwie ganz leicht nach Knoblauch?

»Ich schmecke rein gar nichts« – auch dies habe ich schon gehört. Gerade wer seinen Gaumen etwa durch rein synthetische Trüffelöle verdorben hat, wird Probleme mit dem puren Geschmackserlebnis echter Trüffeln haben.

Wir haben seitdem viele Trüffeln probiert. Natürlich auch in Deutschland, wenn wir unsere Sucht danach nicht mehr bremsen konnten. In solchen Momenten haben wir schon mal welche bei Ebay ersteigert oder in unserem französischen Feinkostladen gekauft.

Aber Trüffeln sind nicht gleich Trüffeln. Ihr Geschmack geht von »schmeckt nach gar nichts« bis zu »hmmm«. Und Trüffeln haben ihren Preis: Pass auf, wenn die Trüffel zu billig ist, dann taugt sie oft nichts, sagt man im Piemont. Gerade bei der Schwarzen gibt es gewaltige Unterschiede. Wer es schon mal mit Trüffeln aus China versucht hat, wird wissen, wovon ich rede. Geruch existent, aber Geschmack gleich null. Und der Preis ist eben deutlich zu gering.

Der Duft verrät also leider nicht immer etwas über die Qualität. Auch Knollen, die eigentlich nach gar nichts schmecken, können den kompletten Kühlschrank mit ihrem fantastischen Duft belegen. Denn rund 80 Prozent einer Trüffel ist der Duft und nur 20 Prozent der Geschmack.

Trüffeln. Das scheint auch eine Zauberformel für so manche Restaurants in Deutschland zu sein – zum Anlocken der Gäste. Wenn der Kellner mit dem Hobel am Tisch erscheint und die duftende Knolle frisch über das Gericht auf dem Teller reibt, dann darf es schon ein bisschen mehr kosten. In deutschen Nobelschuppen zahlt man um die zehn Euro für »einen Hobel weiße Trüffel«. Hoffentlich ist das dann nicht nur der Preis für die Illusion und das Image des berühmten Pilzes.

Wenn man im Piemont lebt, gehören Trüffeln ganz selbstverständlich auf die Speisekarte. Und man verwendet sie üppig – mit ein wenig geschmolzenem Fontina oder einfach mit Rührei. Auch zu Carne cruda passen sie gut. Aber es sind immer ganz einfache Rezepte. Eben welche, die den Geschmack der Trüffel hervorheben und nicht durch einen viel zu starken Eigengeschmack übertönen.

Natürlich sind sie hier ganz frisch. Die weiße Trüffel hält sich nur bis zu zehn Tage im Kühlschrank und zwar in Papiertücher eingewickelt, die täglich gewechselt werden müssen. Bloß nicht in Reis einlegen, der trocknet sie aus. Auf gar keinen Fall einfrieren oder kochen, da verliert sie völlig ihren Geschmack. Eine Freundin hat ihrem Mann mal eine vakuumverpackte Trüffel zu Weihnachten geschenkt. Natürlich wollten sie sie auch ein paar Tage aufheben. Waren noch mal eben im Winterurlaub. Die Trüffel war in dieser Zeit schon bis auf die Hälfte ihres Volumens geschrumpft. Gerochen hat sie schon noch, aber nicht mehr gut!

Die besten Tartufi haben wir von Sergio bekommen, wenn er sie gerade auf unserem Grundstück aus einer Tiefe von drei bis 30 Zentimetern aus der Erde gebuddelt hat. Bei einem kleinen Pläuschchen wird um den Preis gefeilscht. Meistens bekommen wir dann noch zwei, drei kleine Exemplare mit dazu. Ein Tribut dafür, dass er die Trüffeln auf unserem Grundstück sammelt. Leider gibt es bei uns »nur« die schwarze Wintertrüffel.

In Italien braucht man eine Lizenz, damit man auf Trüffelsuche gehen darf. Sergio hat sie uns auch gleich stolz auf den Tisch gelegt. Denn nur wer die hat, darf den Schatz aus der Erde heben. Und ob Privatgrundstück oder nicht – einem Trifolao ist es erlaubt, überall zu suchen. Uns ist es aber untersagt, auf unserem eigenen Grundstück Trüffeln aus der Erde zu buddeln (auch wenn wir es ehrlicherweise schon erfolglos versucht haben). Eine Reglementierung, die erlassen wurde, um diesen kostbaren Pilz zu schützen. Unerfahrene Sammler würden das fragile Pilzgeflecht beschädigen und den Pilz zerstören.

Der größte Schatz von Sergio ist sein Hund mit seiner feinen Nase. Ein gut ausgebildeter Trüffelhund kann bis zu 4000 Euro kosten. Die beiden kennen ihre Stellen genau. Und häufig beginnen sie schon in der Nacht die Suche. Denn keiner soll sehen, wo sie die Schätze bergen.

Früher hat man auch Schweine für die Trüffelsuche eingesetzt. Leider fressen die den Pilz selber sehr gerne und sind so trotz ihrer hervorragenden Nase zur Suche ungeeignet. Deshalb sind Wildschweine, die es im Piemont reichlich gibt, auch die größten Feinde der Trifolao. Und diese versuchen natürlich mit allen Mitteln die Schweine von den Plätzen fernzuhalten. Das ist aber nicht ganz einfach.

Eine »Bianchetto«. Die kleine Weiße wächst von Januar bis März.

Sergio, der Trifolao, mit seinem morgendlichen Fund.

Als ich das erste Mal zu einem Trüffelplatz mitten im Wald kam, war es mir fast unheimlich. Ein Raubvogel flog über mir. Wirkte riesengroß. Ein Wächter des Ortes. In den Bäumen hingen zahlreiche Hosen, Netze und Plastiktüten. Eine kleine Hütte aus Ästen beherbergte Plastikflaschen und Metalldosen. Ich verließ den Platz auf Zehenspitzen, um die Mystik nicht zu stören.

Später habe ich dann Adriana, unsere Nachbarin, danach gefragt. Sie erklärte mir, dass »Skulpturen« dieser Art dazu da sind, die Wildschweine von den Trüffelplätzen fernzuhalten.

Jeden Samstag ist Markt in Mondovì. Und ich liebe diesen Markt. Einfach nur gucken. Und riechen. Alles ist roter, grüner, gelber. Staunen. Ein Ort der Inspiration.

Neben den professionellen Händlern stehen hier auch immer die Piemonteser Bauern mit Eiern, frischem Knoblauch, Zucchiniblüten oder den selbst gesammelten Pilzen. In Italien beginnt die Saison für den Steinpilz schon im Frühling.

TRÜFFEL | TARTUFO

»Vogelscheuchen« sollen Wildschweine vertreiben.
Die fressen Trüffeln nämlich ausgesprochen gerne.

An einem dieser wunderbaren Samstage – Reinhart ist gerade zur Latteria unterwegs, um dort frischen, herrlich cremigen Ricotta aus dem Valle Corsaglia zu kaufen – stoße ich förmlich mit ihm zusammen: einem großen, leicht stämmigen Mann, der vor seinen Körben mit Steinpilzen steht.

»Quanto costa l'etto?«, frage ich ihn. Tre Euro! Dann öffnet er einen weiteren Korb und holt aus ihm eine Trüffel. So groß, die kann nicht echt sein, denke ich. Und schmecken? »Lo vuoi provare?«, fragt er und schneidet im gleichen Moment zwei richtig schön dicke Scheiben ab. Eine für mich und eine für sich. Hmm. Schmeckt!

»Ne vuoi?«, fragt er. »Quanto costa?«, frage ich zurück. »30 euro all'etto«, ist seine Antwort. Mehr als fair für die schwarze Sommertrüffel. Natürlich kann ich nicht widerstehen. In Italien fällt mir Widerstehen überhaupt verdammt schwer. Gerade als ich zahle, grüßt ein älterer Herr. Oh Mist, Sergio! Ich fühle mich ertappt. Woanders Trüffel kaufen. Aber wir sehen Sergio ja bislang nur im Winter.

»Vuoi dei tartufi?«, fragt Sergio. Unmöglich, jetzt nein zu sagen. Reinhart sollte mich besser nicht alleine auf den Markt lassen. Andere Frauen kaufen Schuhe und ich ...

»Quanti ne vuoi? Due etti?« Ich nicke. »Va bene«, sagt Sergio und fragt, ob wir am Nachmittag wohl im Casa wären. »Sì, sì«, sage ich. Und schon ist Sergio im Gewühl des Marktes verschwunden. »200 Gramm«, tadelt Reinhart später, »ist das nicht ein wenig viel? Plus dem hier?« Er deutet auf die 100 Gramm, die wir schon haben. Immerhin sind die Tüten, die Reinhart heute tragen muss, nicht so schwer ...

Am Nachmittag rollt Sergio mit seinem Jeep den Weg zu unserem Haus hinunter. Er lacht und ist völlig begeistert von den Metallspiralen, an denen sich unsere Tomaten hochranken. Er würde jedes Jahr welche aus Holz schnitzen.

Dann holt er ein verknittertes Papiertütchen aus seiner Jutetasche. Stolz lässt er die schwarzen Knollen auf unseren Terrassentisch rollen. Der Duft verbreitet sich sofort! Sergio ist Trüffelsammler aus Passion. Er sei schon über 70, sagt er. »Aber ruft mich bitte immer nur abends an, wenn ihr was wollt«, fügt er hinzu. Denn: Sergio geht jeden Tag in die »Pilze«. 100 Kilo Sommertrüffeln, zehn Kilo schwarze Wintertrüffeln und zwei Kilo Weiße findet ein Trifolao durchschnittlich in der Saison.

Sergio steht morgens sehr früh auf und marschiert dann mit Hund und Taschenlampe los. Mittags macht er eine Siesta und nachmittags erntet er in seinem Garten Kartoffeln und anderes Gemüse. Er müsse auch gleich wieder weg, sagt er, weil seine Frau im Garten auf ihn warten würde. Ob wir auch Kartoffeln wollten, fragt er? »Sì, sì la prossima volta.«

Seitdem kaufen wir unsere Trüffeln nur noch bei Sergio. Und die Kartoffeln der Sorte »Mona Lisa«. Garantiert biologisch, sagt er. Dazu gibt es meistens herrliche weiße Canellibohnen gratis dazu.

Ich rufe ihn an (natürlich möglichst am Abend, denn sonst ist er ja unterwegs ...), und er fragt stets, »Wieso willst Du denn nur 200 Gramm? Nimm doch mehr, die schwarzen Sommertrüffeln halten sich fast einen Monat«.

Secondi piatti

SECONDI PIATTI

Jeden Morgen bieten im Küstenort Noli die Fischer an, was sie nachts gefangen haben. Hinter ihnen sind am Sandstrand als Silhouette kleine Holzboote und die zum Trocknen aufgespannten Netze zu sehen. Was ich bei den Fischern für die Zuppa mitnehme, entscheidet häufig ihr Fang. Einen schönen Merluzzo, kleine Doraden, Tintenfisch, Sardellen und Scampi. Den kräftigen Sud koche ich aus den Karkassen (Gräten, Schalen, …) und lasse dann die restlichen Zutaten darin ganz sanft gar ziehen.

Zuppa di pesce
Fischsuppe

Für 4 Personen
Zubereitungszeit: ca. 1 Std.
Kochzeit: ca. 50 Min.
Pro Portion: ca. 650 kcal

500 g ungeschälte rohe Garnelen
1,7 kg sonnengereifte Tomaten
6 Knoblauchzehen
4 Frühlingszwiebeln
6 EL Olivenöl
2 Doraden (vom Fischhändler filetieren lassen, die Karkassen aber auch mitnehmen)
1 Schuss Grappa
½ l Weißwein
300 g gemischte weiße Fischfilets (z. B. Kabeljau, Lengfisch)
2 Möhren
1 kleine rote Peperoni
1 EL Kapern (in Salz)
1 Bund wilder Fenchel (ersatzweise normales Fenchelgrün)
200 g Tintenfischringe
Salz | Pfeffer aus der Mühle
neutrales Öl zum Frittieren
8 küchenfertige Sardellen
100 g Mehl
1 Handvoll Basilikumblättchen zum Garnieren

1 Die Garnelen schälen und die Köpfe entfernen, Köpfe und Schalen nicht wegwerfen. Die Garnelen am Rücken längs einschneiden und die Därme entfernen. Tomaten waschen und knapp zwei Drittel davon grob schneiden, den Rest klein würfeln, dabei die Stielansätze entfernen. Knoblauch schälen und in feine Streifen schneiden. Von den Frühlingszwiebeln dunkles Grün und die Wurzeln abschneiden. Die Zwiebeln waschen und grob zerteilen.

2 In einem großen Topf Olivenöl erhitzen. Darin Knoblauch andünsten, Frühlingszwiebeln dazugeben und kurz mitdünsten. Dann die Köpfe und Schalen der Garnelen und die Karkassen der Doraden dazugeben und bei starker Hitze kräftig anrösten. Die grob geschnittenen Tomaten dazugeben, anschmoren und mit dem Grappa ablöschen. Weißwein und gut 800 ml Wasser dazugießen, alles bei geringer Hitze ca. 30 Min. köcheln lassen.

3 Den Fischsud durch ein feines Sieb abseihen und auffangen, Karkassen gut ausdrücken. Den Fischsud erneut auf den Herd stellen und bei mittlerer Hitze in ca. 20 Min. auf fast die Hälfte einkochen lassen.

4 Die Doraden- und weißen Fischfilets in mundgerechte Stücke schneiden. Die Möhren schälen und in hauchdünne Scheiben schneiden. Die Peperoni waschen, entstielen und in feine Ringe schneiden. Die Kapern in einem Sieb abbrausen. Fenchel abbrausen, trocken schütteln und die Spitzen fein hacken. Alles mit Tomatenwürfeln, Garnelen und Tintenfischringen zum Sud geben, bei geringer Hitze ca. 10 Min. ziehen lassen. Mit Salz und Pfeffer würzen. Die Suppe warm halten.

5 Inzwischen Öl zum Frittieren erhitzen. Sardellen trocken tupfen und im Mehl wenden, dann im Öl in 3–4 Min. knusprig frittieren. Suppe auf Teller verteilen. Frittierte Fische auf die Suppe legen und mit Basilikumblättchen garnieren. Mit Weißbrot und einer Knoblauchmayonnaise (aus 2 Eigelben, 150 ml Olivenöl und 4 durchgepressten Knoblauchzehen gerührt) servieren.

SECONDI PIATTI

Tonno su finocchio
Thunfisch auf Fenchelsalat

Ein Essen für heiße Sommerabende. Dazu gehört ein kühles Glas Weißwein, wie etwa der fruchtige Roero Arneis. Der Thunfisch muss sehr frisch sein, denn er wird nur kurz auf beiden Seiten angebraten.

Für 4 Personen
Zubereitungszeit: ca. 30 Min.
Pro Portion: ca. 585 kcal

2 Knollen Fenchel | 9 EL Olivenöl
frisch gepresster Saft von
    1 Zitrone
Fleur de Sel | Pfeffer aus der Mühle
1 Stück Parmesan (ca. 50 g)
50 g Sesamsamen
2 EL Sonnenblumenöl
4 Scheiben sehr frischer Thunfisch
    (Sushi-Qualität)

1 Fenchel waschen und die Knollen längs halbieren, die Strünke herausschneiden. Fenchelgrün abzupfen, grob hacken, beiseitelegen. Die Knollen mit einem Trüffel- oder Gemüsehobel in feine Scheiben hobeln, auf Tellern anrichten. Olivenöl und Zitronensaft verrühren, Fenchel mit der Hälfte des Zitronenöls beträufeln. Mit Fleur de Sel und Pfeffer würzen. Die Hälfte des Parmesans in feinen Spänen darüberhobeln.

2 Den Sesam in einer großen Pfanne ohne Fett anrösten, auf einen Teller geben. Sonnenblumenöl in der Pfanne erhitzen. Darin den Thunfisch auf beiden Seiten bei starker Hitze je 2–3 Min. scharf anbraten. Die Scheiben aus der Pfanne nehmen und im gerösteten Sesam wenden.

3 Thunfisch in Streifen schneiden, auf den Fenchel legen. Übrigen Parmesan in Spänen und Fenchelgrün darüberstreuen. Mit Ciabatta servieren.

Gamberoni con salsa d'aglio e limone
Riesengarnelen mit Zitronen-Knoblauch-Sauce

Große Gambas werden in der eigenen Schale im Tontopf mit Rosmarin geschmort. So bleiben sie saftig und zart. Geschält werden sie immer erst am Tisch und dann in die Sauce gedippt.

Für 4 Personen
Zubereitungszeit: ca. 30 Min.
Pro Portion: ca. 285 kcal

16 ungeschälte rohe Riesen-
    garnelen (mit Kopf)
100 ml Olivenöl
1 Zweig Rosmarin
frisch gepresster Saft von
    1 Zitrone
1 Knoblauchzehe
1 Bund glatte Petersilie
Salz | Pfeffer aus der Mühle

1 Den Backofen auf 200 °C (Ober- und Unterhitze) vorheizen. Garnelen abbrausen, trocken tupfen und in eine flache Auflaufform legen. Mit 4 EL Olivenöl beträufeln. Rosmarinzweig abbrausen, trocken schütteln, in grobe Stücke teilen und zu den Garnelen geben. Im Ofen (Mitte) ca. 15 Min. garen. (Oder die Gambas auf dem Grill von jeder Seite ca. 4 Min. rösten.)

2 Inzwischen Zitronensaft mit dem übrigen Olivenöl mischen. Knoblauch schälen und dazupressen. Petersilie abbrausen und trocken schütteln, Blättchen abzupfen, fein hacken und dazugeben. Mit Pfeffer und Salz würzen.

3 Die Garnelen aus dem Ofen nehmen und in der Form auf den Tisch stellen. Dazu die Zitronen-Knoblauch-Sauce zum Dippen servieren und ein knuspriges Ciabatta reichen.

SECONDI PIATTI

Auch »auf dem Land« will keiner auf frischen Fisch verzichten. Früher wurde er gesalzen oder in Essig eingelegt, um ihn haltbar zu machen und so von den Küstenregionen ins Landesinnere zu transportieren. Heute sind dort Fischstände auch auf den Landmärkten eine Selbstverständlichkeit. Ob Muscheln, Schwertfisch oder Calamari – alles gibt es hier in bester Qualität. Man braucht aber ein wenig Zeit zum Ergattern, denn der Andrang ist groß. Und Glück, denn sonst ist der Tintenfisch schon weg, wenn man an die Reihe kommt. Mit Glück füllt ihn Reinhart aber dann mit Mascarpone und schmort ihn sanft im Ofen, so bleibt er schön zart.

Calamari ripieni
Gefüllte Tintenfische

Für 4 Personen
Zubereitungszeit: ca. 35 Min.
Garzeit: 20 Min.
Pro Portion: ca. 285 kcal

4 küchenfertige Tintenfischtuben (je 80–100 g)
100 g Schafskäse (Feta)
100 g Mascarpone
2–4 Stängel Koriandergrün
1 kleine rote Peperoni
Salz | Pfeffer aus der Mühle
200 ml Weißwein
100 ml Orangensaft

1 Die Tintenfischtuben abbrausen und trocken tupfen. Den Feta klein würfeln und mit dem Mascarpone vermischen. Koriander abbrausen und trocken schütteln. Peperoni waschen, entstielen und mit 1–2 Korianderstängeln fein hacken, unter die Füllung heben. Salzen und pfeffern.

2 Backofen auf 170 °C (Ober- und Unterhitze) vorheizen. Mit einem Löffel oder einem Spritzbeutel Mascarpone-Feta-Füllung in den Tintenfischtuben verteilen. Die Öffnungen der Tuben mit Zahnstochern verschließen.

3 Die Tintenfische dicht an dicht in eine kleine, flache Auflaufform legen. Weißwein und Orangensaft mischen und die Tintenfische damit begießen, sie sollten mit der Flüssigkeit bedeckt sein. Die Form in den Ofen (Mitte) schieben und die Calamari 20 Min. garen, dabei zwischendurch wenden.

4 Den übrigen Koriander grob zerpflücken. Die Auflaufform aus dem Ofen nehmen und die Tintenfische mit dem Koriander bestreuen. In der Form auf den Tisch stellen. Dazu gibt es Weißbrot.

Tipps: Sollten Sie keine zum Füllen küchenfertigen Tintenfischtuben bekommen, müssen Sie diese noch vorbereiten. Dazu die durchsichtigen Fischbeine aus den Körperbeuteln nehmen und außen die hauchdünne dunkle Haut abziehen. Tintenfischtuben abbrausen und trocken tupfen.
Wenn Sie die Calamari nicht im Menü, sondern als Hauptgericht servieren, können Sie die Mengen auch verdoppeln.

Mit viel Glück gibt es bei unserem Lieblingsitaliener am Meer einen »richtig großen« Fisch. Bevor der zubereitet wird, bringt ihn Giuseppe, der Koch, an den Tisch. »Stanotte«, sagt er immer, heute Nacht ist der noch im salzigen Wasser geschwommen. Dann bereitet er ihn mit ligurischen Oliven, Kartoffeln, süßen Tomaten »al forno« zu. Kurz bevor er ihn aus dem Ofen holt, werden noch goldgelbe Brotbrösel darübergestreut und diese mit honigfarbenem – natürlich ligurischem – Olivenöl begossen. Es ist ein echtes Event, wenn Giuseppe den herrlichen Fisch serviert. Wenn ich keinen »richtig großen« Fisch bekomme, nehme ich auch gerne vier kleinere Doraden.

Orata al forno
Dorade aus dem Backofen

Für 4 Personen
Zubereitungszeit: ca. 20 Min.
Garzeit: ca. 1 Std. 25 Min.
Pro Portion: ca. 565 kcal

500 g festkochende Kartoffeln
2 EL Kapern (in Salz)
5 Knoblauchzehen
1 kg kleine sonnengereifte Tomaten
1 kleine rote Peperoni
200 g (ligurische) Oliven
6 EL Olivenöl (+ etwas mehr zum Beträufeln)
Salz | Pfeffer aus der Mühle
4 küchenfertige Doraden (je 300–400 g)
4 Zweige Rosmarin
4 Zweige Thymian
70 g Semmelbrösel (möglichst grob, am besten selbst aus altbackenen Brötchen herstellen)

1 Die Kartoffeln gründlich waschen, ungeschält in einen Topf geben und knapp mit Wasser bedecken. Zugedeckt bei geringer Hitze in ca. 25 Min. bissfest kochen lassen. (Sie dürfen gerne nicht ganz durch sein, weil sie anschließend noch im Ofen gegart werden.) Zwischendurch mit einer Gabel einstechen und kontrollieren, ob sie schon fertig sind. Kartoffeln abgießen und abkühlen lassen, dann vierteln.

2 Backofen auf 180 °C (Ober- und Unterhitze) vorheizen. Kapern in einem Sieb abbrausen. Knoblauch schälen, fein scheiden. Tomaten waschen und die Stielansätze herausschneiden. Die Hälfte der Tomaten ganz lassen, den Rest halbieren. Peperoni waschen, entstielen und in feine Ringe schneiden.

3 Auf einem tiefen Backblech alle Tomaten, Kartoffeln, Kapern, Oliven, Peperoni und Knoblauch mit dem Olivenöl mischen. Salzen und pfeffern. Im Ofen (Mitte) ca. 25 Min. braten, zwischendurch mal wenden.

4 Die Doraden waschen und trocken tupfen, mit Salz und Pfeffer würzen. Die Kräuter abbrausen und trocken schütteln. In die Bauchhöhlen der Fische je 1 Rosmarin- und Thymianzweig legen. Backblech aus dem Ofen nehmen. Tomaten-Kartoffel-Gemüse zur Seite schieben und die Doraden daneben aufs Blech legen. Alles weitere 20 Min. garen.

5 Dann die Semmelbrösel gleichmäßig auf dem Gemüse verteilen und mit Olivenöl beträufeln. Gemüse und Fische weitere 15 Min. backen, bis die Brösel schön goldbraun geworden sind.

Lange wagte ich nicht, Fritto misto zu bestellen, ich hatte die gummiartigen Calamari im Sinn, die zum Teil angeboten werden. Aber immer wenn wir auf der Terrasse des »Bagno Vittorio« in Noli saßen, kam ein duftender Teller mit dieser nur leicht in Mehl gewälzten Kombination aus Gemüse, Fisch, Scampi und Calamari an uns vorbei. Und hinterließ bei mir den Wunsch, ihn dem Kellner aus der Hand zu reißen. Irgendwann konnte ich nicht mehr widerstehen. Und seitdem versuche ich es auch gar nicht mehr.

Fritto misto

Frittierte Fische und Meeresfrüchte

Für 4 Personen
Zubereitungszeit: ca. 45 Min.
Pro Portion: ca. 430 kcal

1 Möhre
1 Zucchino
200 g Fischfilet (z. B. Kabeljau oder Rotbarsch)
12 geschälte rohe Garnelen
8 Baby-Tintenfische
16 Tintenfischringe
300 g küchenfertige kleine Sardellen
150 g Mehl
½ TL Salz
Pfeffer aus der Mühle
½ TL rosenscharfes Paprikapulver
2 Zitronen
1 l Öl zum Frittieren

1 Die Möhre schälen, den Zucchino waschen und putzen. Beides quer halbieren und dann von den Hälften mit einem Sparschäler der Länge nach feine Streifen abziehen. Das Fischfilet falls nötig von Gräten befreien und in ca. 3 cm dicke Scheiben schneiden. Garnelen, Tintenfische, Tintenfischringe und Sardellen abbrausen und gut trocken tupfen.

2 Das Mehl in eine Schüssel geben. Nacheinander Garnelen, Tintenfische und Tintenfischringe, Sardellen, das Fischfilet und zum Schluss das Gemüse durch das Mehl ziehen. Portionsweise in ein großes Sieb geben und das überschüssige Mehl abschütteln.

3 Den Backofen auf 120 °C (Ober- und Unterhitze) vorheizen. Aus dem Salz, etwas Pfeffer und dem Paprikapulver ein Würzsalz herstellen. Zitronen längs halbieren und in dünne Scheiben schneiden.

4 Das Öl in einem weiten Topf oder in einer Fritteuse erhitzen. Zuerst darin die Tintenfische und Tintenfischringe ca. 4 Min. frittieren, herausnehmen und auf Küchenpapier legen, im Ofen warm halten. Dann nacheinander die Garnelen (2 Min.), das Fischfilet (3 Min.), die Sardellen (3 Min.), die Möhre (3 Min.) und den Zucchino (2 Min.) ausbacken. Fertig Frittiertes jeweils zum Warmhalten in den Backofen geben.

5 Wenn alles frittiert ist, das Fritto misto mit dem Würzsalz bestreuen. Auf einer großen Platte mit den Zitronenscheiben anrichten und servieren. Am besten mit Weißbrot.

Das Fondue des Sommers
Bagna càuda

»Typisch piemontesisch«, kündigte unsere Nachbarin Adriana das Essen an, zu dem sie uns einlud. Sante und Adriana leben in Turin, sind aber jede freie Minute in ihrem Haus auf dem Land. Der Tisch in ihrer weinumrankten Laube war schön gedeckt und barst förmlich vor klein geschnittenem Gemüse und Brot. »Tutto dal mio giardino«, sagte Adriana. Rohkost, dachte ich. Das soll die typische piemontesische Art zu Essen sein? Dann nahm mich meine Nachbarin bei der Hand und mit in ihre Küche. Sante stand an dem Gasherd und rührte behutsam in einer köstlich duftenden Sauce. »Bagna càuda« ist das Fondue des Sommers. Direkt übersetzt heißt es »heißes Bad« und wird aus viel Knoblauch und Sardellen zubereitet. Die warme Sauce stellt man auf einen Rechaud und jeder taucht nach Belieben das rohe und zum Teil gekochte Gemüse hinein. Ein herrliches Gericht für eine gesellige Runde, das man gut vorbereiten kann. Und das einfach fantastisch schmeckt. Wie immer gibt es mehrere Arten Bagna càuda zuzubereiten.

Das ist Adrianas Rezept. Bitte umblättern.

SECONDI PIATTI

Bagna càuda
Gemüse der Saison mit warmer Sardellen-Knoblauch-Sauce

Für 4–6 Personen
Zubereitungszeit: ca. 1 Std. 30 Min.
Pro Portion (bei 6 Personen):
ca. 1125 kcal

Für die Sauce:
4 Knollen Knoblauch
200 ml Milch
400 g Sardellenfilets (in Salz)
600 ml Olivenöl

Für das gegarte Gemüse:
je 2 rote und gelbe Paprikaschoten
4 festkochende Kartoffeln
250 g Möhren
2–3 EL Olivenöl

Für das rohe Gemüse:
1 Salatgurke
1 Staude Stangensellerie
1 Knolle Fenchel
4 Topinambur
1 Chicorée

1 Für die Sauce Knoblauch schälen, die Zehen halbieren und bei geringer Hitze ca. 15 Min. in der Milch köcheln lassen, dann in ein Sieb abgießen. Die Sardellen abbrausen und vom Salz befreien, klein schneiden. Knoblauch und Sardellen mit dem Olivenöl in einen Topf aus Terracotta (siehe Tipp) geben und bei geringer Hitze ca. 1 Std. leicht köcheln lassen. Dann alles mit einer Gabel (oder mit einem Pürierstab) fein zerkleinern, bis eine cremige Sauce entstanden ist. Noch einmal ca. 15 Min. sanft köcheln lassen.

2 Zwischendurch den Backofengrill vorheizen. Das ganze Gemüse gründlich waschen und putzen oder schälen. Paprikahälften mit der Haut nach oben auf ein Backblech legen und unterm Grill 15–20 Min. rösten, bis die Haut schwarze Blasen wirft. Abkühlen lassen, die Haut abziehen und die Paprika in Streifen schneiden. Kartoffeln gründlich waschen, ungeschält in einen Topf geben und knapp mit Wasser bedecken. Zugedeckt bei geringer Hitze in ca. 30 Min. weich garen. Zwischendurch mit einer Gabel einstechen und kontrollieren, ob sie schon fertig sind. Kartoffeln abgießen, abkühlen lassen. Die Möhren längs vierteln. In einer Pfanne das Olivenöl erhitzen, darin die Möhren ca. 10 Min. braten, dabei öfters mal wenden.

3 Gurke quer dritteln, dann längs in fingerdicke Streifen schneiden. Selleriestangen längs halbieren, dann in 10 cm lange Stücke schneiden. Fenchel längs halbieren und den Strunk herausschneiden, Fenchelblätter ablösen und je nach Größe noch einmal zerteilen. Den Topinambur in fingerdicke Streifen schneiden. Chicoréeblätter von der Staude ablösen, längs halbieren.

4 Die rohen und gegarten Gemüse auf mehrere Teller verteilen. Einen Rechaud auf den Tisch stellen und anzünden. Die Sauce noch mal kurz auf dem Herd aufkochen, dann zum Warmhalten auf den Rechaud stellen.

Tipps: Wenn Sie noch etwas von der Sardellen-Knoblauch-Sauce übrig haben (sie hält sich sehr gut im Kühlschrank), können Sie daraus eine Vorspeise zaubern: geröstete, gehäutete Paprikaviertel (siehe oben) auf eine Platte geben, Sauce darüber verteilen. Servieren.
Der Tontopf ist schon zu Römerzeiten verwendet worden. Auch heute ist er in der italienischen Küche noch sehr beliebt. Ton ist – anders als Stahl oder Eisen – porös, und das ermöglicht sanftes Schmoren und natürliches Garen. Für Bagna càuda ist der Tontopf ideal, weil er seine Temperatur lange und gleichmäßig hält. Für alles, was ich im Backofen gare, verwende ich im Übrigen ausschließlich Kochgeschirr aus Terracotta.

SECONDI PIATTI

Das erste Mal habe ich dieses Hähnchen in den Bergen vor der Küste von Positano gegessen. Und ich hab's nie wieder vergessen! Der Fußweg zu Francesca, der Malerin, war beschwerlich: Ein kleiner, steiler Pfad, rechts und links duften Rosmarin, Wacholder und Fenchel. Ein kleines Steinhaus. Eine atemberaubende Sicht auf den Golf von Sorrent. Azurblaues Meer ergoss sich vor schroffen Felsen. Francesca hatte ihren Pizzaofen angeschürt, aus dem sie zuerst heißes, duftendes Brot zog. Dann stellte sie einen Tontopf mit Hähnchen und Tomaten bedeckt von Rosmarin und Knoblauch in die Glut. Es dauerte nicht lang und aus dem Ofen strömte ein fantastischer Duft. Und den habe ich immer wieder in der Nase, wenn ich mich an dieses Hähnchen erinnere. Und an diesen Abend.

Pollo con rosmarino

Rosmarinhähnchen

Für 4 Personen
Zubereitungszeit: ca. 30 Min.
Marinierzeit: ca. 12 Std.
Garzeit: ca. 1 Std.
Pro Portion: ca. 480 kcal

8 Knoblauchzehen
5 große Zweige Rosmarin
2 Dosen geschälte Tomaten
  (je 400 g Inhalt)
¾ l Rotwein
1 kleine rote Peperoni
1 Hähnchen (ca. 1,5 kg)
Salz | Pfeffer aus der Mühle

1 Den Knoblauch schälen und mit einem Stößel oder einer großen Messerklinge zerdrücken. Rosmarin abbrausen und trocken schütteln, 2 Zweige mit Knoblauch, Tomaten und Wein in einen Tontopf (siehe Tipp, Seite 144) oder eine Bratreine geben. Peperoni waschen und dazugeben. Hähnchen waschen, trocken tupfen und in den Bauch 1 Rosmarinzweig stecken. Hähnchen in die Flüssigkeit legen, zugedeckt im Kühlschrank 12 Std. marinieren lassen.

2 Dann Backofen auf 180 °C (Ober- und Unterhitze) vorheizen. Hähnchen zugedeckt in Topf oder Reine in den Ofen (Mitte) schieben und ca. 1 Stunde garen. Aus dem Ofen nehmen, den Backofengrill aufheizen.

3 Das Hähnchen der Länge nach zerteilen, die Hälften mit der Hautseite nach oben auf dem Rost unter den Grill (Mitte) schieben und in ca. 10 Min. goldbraun anrösten, aus dem Ofen nehmen und warm halten.

4 Währenddessen Rosmarin aus Topf oder Reine nehmen, die Sauce auf dem Herd bei starker Hitze in ca. 15 Min. um ein Drittel einkochen, mit Salz und Pfeffer würzen. Von 1 restlichen Rosmarinzweig die Blättchen abzupfen, sehr fein hacken, in die Sauce geben und kurz ziehen lassen. Das Hähnchen mit der Sauce auf einer großen Platte anrichten. Mit dem letzten Rosmarinzweig garnieren, servieren.

Tipp: Wer einen Pizzaofen hat, gart darin das Hähnchen im Tontopf sanft über Nacht, nachdem die Pizza gebacken und der Ofen nicht mehr so heiß ist. Am nächsten Tag werden die Hähnchenhälften wie oben beschrieben unter dem Grill gebräunt und die Sauce eingekocht.

SECONDI PIATTI

Für 4 Personen
Zubereitungszeit: ca. 1 Std.
Garzeit: ca. 40 Min.
Pro Portion: ca. 525 kcal

250 g Mangold
Salz
1 Hähnchenbrustfilet (ca. 500 g)
Pfeffer aus der Mühle
150 g Ricotta
150 g italienischer roher Schinken
  (z. B. San Daniele, Parma)
100 ml Weißwein
250 g Sahne
2 EL kalte Butter

Arrosto di petti di pollo
Braten von der Hähnchenbrust

Die »Petti di pollo«, die Piemonteser Hühnerbrüste, sind so groß und zart wie die von einem Kapaun. Das einzelne Brustfilet wiegt meist 400–500 Gramm, ein komplettes Hähnchen ist selten unter zwei Kilo zu bekommen. Und aus diesen Brüsten kann man ganz ausgezeichnet solch einen Braten machen.

1 Mangold putzen, in die einzelnen Blätter teilen und waschen. In einem großen Topf ca. 300 ml Salzwasser aufkochen. Den Mangold hineingeben und ca. 5 Min. leicht köcheln lassen. Blätter herausnehmen und abtropfen lassen, dass Mangoldwasser aufheben.

2 In die Mitte des Hähnchenbrustfilets eine Tasche schneiden, salzen und pfeffern. Den Ricotta in die eingeschnittene Tasche füllen. Die weißen Stiele der Mangoldblätter abschneiden. Die grünen Blätter auf der Arbeitsfläche glatt auslegen und das gefüllte Hähnchenbrustfilet damit umwickeln, dann noch mit den Schinkenscheiben umwickeln.

3 Den Backofen auf 170 °C (Ober- und Unterhitze) vorheizen. Mangoldwasser und Weißwein in eine flache Auflaufform gießen. Mangoldstiele in kleine Stücke schneiden und dazugeben. Hähnchenbrustfilet in die Sauce setzen, mit Alufolie abdecken und ca. 30 Min. im Ofen (Mitte) garen.

4 Das Hähnchenbrustfilet aus dem Ofen holen und den Grill des Backofens aufheizen. Sauce samt Mangold in einen Topf umfüllen und die Sahne dazugießen, bei starker Hitze gute 10 Min. auf dem Herd einkochen lassen. In der Zeit das Hähnchenbrustfilet in der Auflaufform zurück in den Ofen (Mitte) stellen und unter dem Grill schön knusprig rösten.

5 Das gefüllte Hähnchenbrustfilet aus dem Ofen holen. Butter in kleinen Flöckchen unter die Sauce schlagen, mit Salz und Pfeffer abschmecken. Die Sauce samt dem Mangold wieder in die Form geben, auf den Tisch stellen.

Tipp: Wenn es nur ganz kleine Hühnerbrüste (also einzelne Filets um die 200 g) auf dem Markt gibt, nehme ich auch mal 4 Hähnchenbrustfilets und schneide keine Taschen ein. Den Ricotta gebe ich direkt auf die einzelnen Filets und umwickle sie mit dem Mangold, anschließend mit dem Schinken. Diese Variante ist im Übrigen auf dem Foto abgebildet.

Pollo con fichi
Feigenhähnchen

Bei vielem Guten spielt der Zufall eine entscheidende Rolle. Wie bei diesem Feigenhähnchen. Wir hatten schon sehr viel Feigenkonfitüre gekocht, Feigenkuchen gegessen und trotzdem hingen unsere Bäume noch voll mit diesen herrlichen Früchten. Auch die »Peperoni tondo« wollten geerntet werden. So kam es, dass beides mit Zimt, der zufällig neben dem Herd stand, und einer Hühnerbrust im Topf landete. Sehr bald breitete sich der wunderbare Geruch dieser Komposition in der Küche aus.

Für 4 Personen
Zubereitungszeit: ca. 15 Min.
Garzeit: ca. 35 Min.
Pro Portion: ca. 295 kcal

2 Hähnchenbrustfilets (je ca. 280 g)
Salz
3–4 TL gemahlener Zimt
50 g mittelscharfe rote runde Peperoni „Tondo" (ersatzweise eine andere Peperonisorte)
300 g grüne Feigen
100 ml Weißwein
100 ml Hühnerbrühe
2 EL neutrales Öl
Pfeffer aus der Mühle

1 Den Backofen auf 180 °C (Ober- und Unterhitze) vorheizen. Die Hähnchenbrustfilets leicht salzen und mit Zimt einreiben. Peperoni waschen und entstielen, Feigen waschen, beides vierteln und zusammen mit dem Wein und der Brühe in eine flache Auflaufform geben. Mit Alufolie abdecken. Im Ofen (Mitte) ca. 15 Min. garen.

2 In einer großen Pfanne das Öl erhitzen. Darin die Hähnchenbrustfilets von beiden Seiten kurz anbraten. Dann mit in die Auflaufform legen und alles weitere 20 Min. garen. Nach der Hälfte der Garzeit die Filets wenden.

3 Wenn es anfängt, richtig gut nach Zimt und Hähnchen zu duften, ist das Pollo fertig. Aus dem Ofen nehmen, salzen, pfeffern, mit Weißbrot servieren.

Tipp: Es müssen grüne Feigen sein! Auch wenn sie sehr fest, fast noch unreif sind, eignen sie sich. Violette Feigen schleimen, wenn man sie kocht.

SECONDI PIATTI

Wir sitzen mal wieder in Santes und Adrianas lauschiger Laube. Vor uns Polenta und ein großer Tontopf, aus dem es herrlich duftet. Was drin ist, kann ich nicht erkennen. Ob wir auch »ghiro« auf dem Dachboden hätten, fragt Adriana. Hirsche auf dem Dachboden? Ich sehe sie verwundert an. Die wären nachts so laut, fügt sie hinzu. »Ghiro?«, frage ich. »Sì, sì, ghiro«, sagt sie. Ich sehe auf den Tisch, der schöne kühle Roero Arneis ist noch fast voll. Sollte ich doch einmal genauer in den Garten der beiden sehen. Vielleicht wächst da gleich neben den Tomatenpflanzen das ein oder andere Fantasie fördernde Kraut? »Ghiro?«, frage ich noch mal nach. In diesem Moment kommt Sante mit seinem Deutschlexikon. Das hat er extra gekauft, da er plant, Deutsch zu lernen. »Zipenslaver« liest er vor. Zipenslaver??? Dann fällt es mir wie Schuppen von den Augen: Siebenschläfer, sie haben Siebenschläfer auf dem Dachboden. Ich schnappe mir sein Lexikon und übersetze, was ich verstanden habe: »Cervo«. Wir können nicht essen vor Lachen. So hat dieser ganz herrliche Schmortopf bei uns seinen zweiten Namen bekommen – Adrianas »Hirschtopf« –, und wir haben gelernt, dass nicht nur die Deutschen sehr gute Bratwürste machen können.

Stufato all'Adriana

Schmortopf mit Dolcetto, Bratwurst und Fenchel

Für 4 Personen
Zubereitungszeit: ca. 20 Min.
Garzeit: ca. 50 Min.
Pro Portion: ca. 625 kcal

500 g Salsicce oder andere würzige rohe Bratwürste
5 Knoblauchzehen
2 Knollen Fenchel
2 Stängel Majoran
1 kleine rote Peperoni
2 EL Olivenöl
2 EL Sambuca (ersatzweise ein anderer Anislikör)
2 Dosen stückige Tomaten oder Kirschtomaten (je 400 g Inhalt)
½ l Dolcetto (ersatzweise ein anderer trockener Rotwein)
Salz | Pfeffer aus der Mühle

1 Die Bratwürste in 2 cm große Stücke schneiden. Den Knoblauch schälen und in feine Streifen schneiden. Fenchel waschen und putzen, die Knollen längs halbieren und die Strünke herausschneiden. Fenchel in kleine Stücke schneiden. Majoran abbrausen und trocken schütteln, Peperoni waschen.

2 Olivenöl in einem Schmortopf erhitzen. Darin die Bratwürste anbraten und den Knoblauch dazugeben. Mit Sambuca ablöschen und die Tomaten, die Majoranstängel, die Peperoni und den Fenchel dazugeben. Mit Dolcetto übergießen und alles ca. 50 Min. bei geringer Hitze schmoren lassen, bis die Sauce dicklich ist.

3 Dann die Majoranstängel und die Peperoni entfernen. Den Schmortopf mit Salz und Pfeffer abschmecken, servieren. Dazu schmeckt eine Polenta einfach himmlisch.

Tipp: Je nachdem wie stark die Salsicce gewürzt sind, verwende ich mal mehr, mal weniger Majoran. Aber ganz besonders gerne nehme ich die Bratwürste aus der Rhön. An die kommen nämlich auch die besten italienischen nicht ran. Die Häute der Würste werden nach dem langen Schmoren im Übrigen ganz zart.

Diesen Schmortopf mache ich sehr gerne, wenn wir viele Gäste haben. Ich kann ihn schon am Abend vorher zubereiten und am nächsten Tag halte ich ihn dann einfach auf dem Herd warm, sodass sich jeder selbst davon bedienen kann. Dazu gibt es verschiedene kalte Vorspeisen – und das Büfett ist rundum perfekt. Was auch sehr gut ist: Die Mengenverhältnisse der Zutaten müssen nicht exakt stimmen. Wenn ich also mal 450 Gramm Kürbisfleisch habe, dann rein damit – in den Tontopf, das klassische italienische Kochgeschirr, in dem dieses Schmorgericht am besten gelingt!

Stufato con pesto

Geschmorter Fleischtopf mit Pesto

Für 8 Personen
Zubereitungszeit: ca. 1 Std.
Garzeit: ca. 1 Std. 30 Min.
Pro Portion: ca. 890 kcal

500 g Schweinefleisch (z. B. Nacken oder Schulter)
500 g Rindfleisch (z. B. Nuss oder Oberschale)
500 g rohe Bratwürste
400 g Kürbisfleisch
300 g Esskastanien (Maronen)
100 g getrocknete Tomaten (in Öl)
10 Knoblauchzehen
2 kleine rote Peperoni
6 EL Olivenöl
¾ l Dolcetto (ersatzweise ein anderer trockener Rotwein)
2 Dosen geschälte Tomaten (je 400 g Inhalt)
250 g frisch gepalte Borlottibohnen (das sind 600 g Schoten, ersatzweise andere braune Bohnen)
1 EL Kapern (in Salz)
250 g (ligurische) Oliven
ca. ½ Rezept Pesto alla Genovese (150 g, Seite 68, ersatzweise Basilikumpesto aus dem Glas)
Salz | Pfeffer aus der Mühle

1 Das Fleisch in 2 cm große Würfel schneiden. Bratwürste in 2 cm dicke Stücke schneiden. Das Kürbisfleisch mundgerecht würfeln, die Kastanien schälen und von den braunen, pelzigen Häuten befreien. Die getrockneten Tomaten in dünne Streifen schneiden. Den Knoblauch schälen und in sehr feine Streifen schneiden. Die Peperoni waschen.

2 Den Backofen auf 180 °C (Ober- und Unterhitze) vorheizen. In einer großen Pfanne Olivenöl erhitzen. Darin Fleisch, Bratwürste und den Knoblauch portionsweise anbraten und dann in einen großen Tontopf (siehe Tipp, Seite 144) oder einen Bräter geben. Den Bratsatz auf dem Pfannenboden mit etwas Dolcetto ablöschen und ebenfalls in den Tontopf oder Bräter geben. Mit restlichem Wein auffüllen.

3 Kürbis, Kastanien, getrocknete Tomaten und Dosentomaten, Peperoni, Bohnen, Kapern und die Oliven mit in den Topf oder Bräter geben. Mit so viel Wasser aufgießen, dass alles knapp mit Flüssigkeit bedeckt ist. In den Ofen (Mitte) schieben und ca. 1 Std. 30 Min. garen, bis das Fleisch weich ist. Zwischendurch mal umrühren. Immer darauf achten, dass alles gut mit Flüssigkeit bedeckt ist, bei Bedarf noch Wasser nachgießen.

4 Dann Backofen ausschalten und den Fleischtopf am besten über Nacht einfach im Ofen stehen lassen. Vor dem Servieren auf dem Herd nochmals aufkochen. Vom Herd nehmen und das Pesto hineinrühren. Mit Salz und Pfeffer abschmecken. Mit Weißbrot, Polenta oder Kartoffelpüree servieren.

Tipp: Statt der frischen Borlottibohnen können Sie auch 100 g getrocknete Bohnenkerne einweichen und gar kochen (siehe Tipp, Seite 83).

SECONDI PIATTI

Es gab fast keinen Abend, an dem die Terrasse von Bruno und Vanda nicht mit Gästen gefüllt war. Beide zauberten gemeinsam am Herd, ich stand hinter ihnen, bemüht, nichts von ihren schnellen Handgriffen zu verpassen, ihnen aber gleichzeitig nicht im Weg zu stehen. Aber während ich auswich, entging mir doch jedes Mal das entscheidende Detail. Einmal kamen später noch Michele mit seiner Gitarre und Mauro mit der Staffelei dazu – und Vanda servierte diese kleinen, zarten Schnitzel mit dem Geschmack der ganzen Amalfiküste in sich.

Scaloppine alla Vanda

Schnitzelchen auf Vandas Art

Für 4 Personen
Zubereitungszeit: ca. 20 Min.
Pro Portion: ca. 330 kcal

2 Zweige Rosmarin
100 g Butter
50 g Mehl
8 dünne Kalbsschnitzel (je 50 g)
frisch gepresster Saft von
  1 Zitrone
Salz | Pfeffer aus der Mühle

1 Den Rosmarin abbrausen und trocken schütteln, die Blättchen abzupfen. Die Butter in einer großen Pfanne zerlassen. Das Mehl gleichmäßig hineinstäuben und bei mittlerer Hitze anschwitzen. Es sollte eine sehr flüssige Mehlschwitze entstehen.

2 Die Kalbsschnitzel in die Pfanne legen, die Rosmarinblättchen darüberstreuen, die Schnitzel wenden und mit dem Zitronensaft ablöschen. Bei sehr geringer Hitze ca. 3 Min. schmoren, dabei mehrfach wenden. Mit Salz und Pfeffer würzen. Mit Weißbrot servieren.

Tipps: Der Sommer an der Amalfiküste ist lang, und Vanda zauberte immer wieder neue Variationen ihrer Scaloppine – mit Salbei und rohem Schinken, anstelle von Zitronensaft mit Marsala oder auch Vino bianco abgelöscht, mit glatter Petersilie, wildem Fenchel oder Thymian gewürzt. In jedem Fall aber sind frische Kräuter wichtig!
Die Geschmacksintensität von Kräutern hängt unter anderem davon ab, wie viel Sonne sie abbekommen – und im Treibhaus kriegen sie davon nur äußerst wenig. Deshalb lohnen sich auf jeden Fall ein kleines Kräuterbeet im Garten, Töpfe auf dem Balkon oder der Kräuterkasten am Fenster. Da sind dann, wie Bruno sagte, auch »die Strahlen der Sonne« mit drin.

Was unser Metzger Lombardi verkauft, stand bei ihm zu Hause im Stall. Seine Schweine füttert er mit Kartoffeln und Kastanien, und das schmeckt man auch. Wenn man Glück hat, liegt ein langer Schweinerücken in seiner Theke, und er schneidet davon ganz frisch dicke Koteletts ab, meistens noch samt der Lende. Das Fleisch ist herrlich saftig und bekommt auf dem Grill seine rauchige Vollendung.

Cotoletta grigliata con verdure
Kotelett vom Grill mit Gemüse

Für 4 Personen
Zubereitungszeit: ca. 1 Std.
Pro Portion: ca. 530 kcal

1 Aubergine
1 Zucchino
1 rote Paprikaschote
100 g Champignons
4 Knoblauchzehen
1 kleine rote Peperoni
1 kleines Bund gemischte Kräuter
　(z. B. Rosmarin, Thymian,
　Lavendel, Salbei, Oregano)
1 Dose Kirschtomaten (400 g
　Inhalt)
8 EL Olivenöl
Salz | Pfeffer aus der Mühle
4 Schweinekoteletts (je 2–3 cm
　dick und 250 g schwer)

1 Die Aubergine und den Zucchino waschen, putzen und grob würfeln. Paprika längs halbieren, putzen, waschen und in grobe Streifen schneiden. Die Champignons putzen und die Stielenden abschneiden, die Pilze in dicke Scheiben schneiden. Knoblauch schälen, in feine Scheiben schneiden. Die Peperoni waschen, die Kräuter abbrausen und trocken schütteln.

2 Den Backofen auf 180 °C (Ober- und Unterhitze) vorheizen. Die vorbereiteten Zutaten in eine Auflaufform geben und durchmischen. Die Tomaten und das Olivenöl dazugeben, mit Salz und Pfeffer würzen, nochmals alles mischen. Die Form in den Ofen (Mitte) stellen und das Gemüse ca. 40 Min. garen, dabei öfters mal umrühren.

3 In der Zwischenzeit den Grill anheizen. Wenn die Holzkohle einen schönen weißen Belag hat, ist die Glut richtig. Die Koteletts auf den Grillrost legen und unter mehrmaligem Wenden in ca. 10 Min. gar und goldbraun braten. Dann erst salzen und pfeffern. Mit dem Gemüse servieren. Und am besten mit Bagnetto verde (Seite 69), Pesto rosso picante (Seite 69) und einer Knoblauchcreme (siehe unten).

Dazu passt – Knoblauchcreme: Dafür 200 g Crème fraîche in eine Schüssel geben. 2 Knoblauchzehen schälen und dazupressen. Mit Salz und Pfeffer würzen, durchrühren, fertig.

»La vita«, sagt Luca, »la vita è bellissima.« Und zu dem schönen Leben gehöre gutes Essen, Wein und »le donne«. »Salute«, ruft er und trinkt einen Schluck Barolo. Der war auch an dem köstlichen Braten, den uns seine Donna servierte. Er schmunzelt, »und Geduld, ja, die brauchst du beim Barolo, beim Braten und bei den Frauen.« ... Der Braten jedenfalls wird lange in Barolo mariniert und dann mit Möhren, Sellerie, Knoblauch und vielen Kräutern sanft geschmort. Als wir uns nach vierstündigem Essen verabschieden, sind wir wohl gesättigt, aber nicht satt. »È vero, Luca, la vita è bellissima.«

Brasato al Barolo

Rinderbraten »al Barolo«

Für 6 Personen
Zubereitungszeit: ca. 45 Min.
Marinierzeit: ca. 12 Std.
Schmorzeit: ca. 2 Std. 45 Min.
Pro Portion: ca. 775 kcal

1,2 kg Rinderbraten
50 g Lardo (besonders gereifter
  fetter Speck)
2 Zwiebeln
3 Möhren
3 Knoblauchzehen
2 Stangen Staudensellerie
5 Nelken
5 schwarze Pfefferkörner
1 kleines Bund gemischte Kräuter
  (Salbei, Thymian, Rosmarin
  und glatte Petersilie)
300 g Ochsenschwanz
1 Zimtstange
5 Wacholderbeeren
3 Lorbeerblätter
¾ l Barolo (ersatzweise Nebbiolo)
150 g kalte Butter
6 EL Sonnenblumenöl
50 ml Cognac
1 EL Tomatenmark
Salz | Pfeffer aus der Mühle

1 In den Rinderbraten mit einem spitzen Messer kleine »Taschen« einschneiden. Den Lardo in dünne Streifen schneiden und hineinstecken. Zwiebeln, Möhren und Knoblauch schälen, Sellerie waschen und putzen, alles in dicke Scheiben schneiden. Die Nelken und die Pfefferkörner im Mörser fein zerstoßen. Kräuter abbrausen und trocken schütteln.

2 Braten und Ochsenschwanz in einen Bräter geben, Gemüse einstreuen. Nelken und Pfefferkörner, Kräuter, Zimt, Wacholder und Lorbeer dazugeben, Wein aufgießen. Das Fleisch mindestens 12 Std. zugedeckt marinieren lassen. Dann Backofen auf 170 °C (Ober- und Unterhitze) vorheizen. Fleisch aus der Marinade nehmen, abtropfen lassen und trocken tupfen. Marinade durch ein Sieb seihen und auffangen, die Gemüsemischung abtropfen lassen.

3 In einer großen Pfanne 50 g Butter und 2 EL Öl erhitzen, Rinderbraten und Ochsenschwanz darin von allen Seiten schön braun anbraten. Aus der Pfanne nehmen. Bratensatz mit dem Cognac ablöschen. Fleisch mit dem abgelöschten Bratensud wieder in den Bräter geben.

4 Pfanne säubern und darin übriges Öl erhitzen. Gemüsemischung dazugeben und ca. 10 Min. unter Rühren bei mittlerer Hitze braten. Tomatenmark unterrühren und alles weiterbraten, bis sich Röststoffe bilden. Mit Marinade ablöschen, die Sauce in den Bräter geben. In den Ofen (Mitte) schieben und alles ca. 2 Std. 45 Min. abgedeckt schmoren lassen, bis das Fleisch gar und zart ist. Ab und zu mal umrühren und den Braten mit Sauce übergießen.

5 Das Fleisch aus dem Bräter nehmen, in Alufolie wickeln und im ausgeschalteten Backofen warm halten. Sauce durch ein Sieb passieren und auf dem Herd bei mittlerer Hitze auf ca. 300 ml Flüssigkeit einkochen, übrige Butter in kleinen Stücken untermixen, mit Salz und Pfeffer abschmecken. Das Fleisch in Scheiben schneiden und mit der Sauce servieren.

SECONDI PIATTI

Für 4 Personen
Zubereitungszeit: ca. 40 Min.
Pro Portion: ca. 645 kcal

500 g frisch gepalte schwarze Bohnen (das sind 1,2 kg Schoten)
1 Knoblauchzehe | 2 Lorbeerblätter
Salz | 2 rote Zwiebeln
2 EL Butter | 2 EL Zucker
100 ml Rotwein
1 EL Aceto balsamico
Pfeffer aus der Mühle
300 g Kalbsleber (in dünnen Scheiben)
60 g Polenta (Maisgrieß, feine Körnung)
100 ml Olivenöl
3 EL Sonnenblumenöl

Fegato di vitello con purè di fagioli neri
Kalbsleber mit Püree aus schwarzen Bohnen

Durch den Maisgrieß bekommt die Kalbsleber eine schöne krosse Oberfläche und bleibt innen zart. Anstelle der schwarzen Bohnen passt auch eine cremige Polenta hervorragend dazu.

1 Die Bohnen in einen Topf geben und mit so viel Wasser auffüllen, dass sie drei Finger breit damit bedeckt sind. Die Knoblauchzehe waschen, andrücken und zusammen mit den Lorbeerblättern in den Topf geben, salzen. Die Bohnen zum Kochen bringen und bei mittlerer Hitze in ca. 20 Min. gar kochen, dabei falls nötig Wasser nachgießen, sodass sie immer mit Flüssigkeit bedeckt sind. Bohnen zwischendurch einmal probieren, sie sollten schön weich sein. Gegebenenfalls länger kochen.

2 In der Zwischenzeit die Zwiebeln schälen und fein würfeln. Butter in einer Pfanne zerlassen, darin die Zwiebeln andünsten. Den Zucker darüberstreuen und karamellisieren lassen. Mit dem Rotwein und Essig ablöschen und bei geringer Hitze ca. 20 Min. einkochen lassen, bis fast keine Flüssigkeit mehr vorhanden ist. Rotweinzwiebeln mit Salz und Pfeffer würzen.

3 Zwischendurch die Leberscheiben waschen, salzen und pfeffern. Den Grieß auf einen tiefen Teller geben und die Leberscheiben darin wenden, die Panade andrücken.

4 Die Bohnen in ein Sieb abgießen und im Mixer pürieren, dabei nach und nach das Olivenöl dazugießen. Das Bohnenpüree zurück in den Topf geben, mit Salz und Pfeffer abschmecken und warm halten.

5 In einer großen Pfanne das Sonnenblumenöl erhitzen. Darin die Leberscheiben ca. 3 Min. braten, dabei einmal wenden. Auf Tellern mit den Rotweinzwiebeln und dem Bohnenpüree anrichten.

Variante – mit Röstzwiebeln: Dazu 1 große Zwiebel schälen, in feine Streifen schneiden und in ca. 3 EL Mehl wenden. In einer großen beschichteten Pfanne 4–5 EL Olivenöl erhitzen. Darin die Zwiebeln in ca. 5 Minuten bei mittlerer Hitze goldbraun rösten. Die Röstzwiebeln anstelle der Rotweinzwiebeln mit Leber und Püree servieren.

Tipp: Wer keine frischen schwarzen Bohnen bekommt (ich habe sie bei uns im Garten angebaut), nimmt einfach getrocknete. Diese mindestens 12 Std. einweichen, dann wie oben beschrieben zubereiten – aber ca. 1 Std. kochen. Oder alternativ weiße (Canelli-)Bohnen verwenden.

Melanzane con scaloppine
Kandierte Auberginen mit Schweinelendchen

Auberginen werden in leicht herbem Kastanienhonig im Ofen karamellisiert. Dass ist sehr einfach – und zusammen mit Schweinelendchen ein raffinierter Secondo. Sie gehen aber auch gut als warme Antipasti.

Für 4 Personen
Zubereitungszeit: ca. 30 Min.
Pro Portion: ca. 360 kcal

2 kleine Auberginen
4 EL Olivenöl
Salz | Pfeffer aus der Mühle
3 TL Kastanienhonig (ersatzweise ein anderer würziger Honig)
500 g Schweinelende
3 EL Sonnenblumenöl

1 Den Backofen auf 180 °C (Ober- und Unterhitze) vorheizen. Auberginen waschen, putzen und jeweils quer in 4 Scheiben (ca. 3 cm dick) schneiden. Die Auberginenscheiben mit dem Olivenöl einreiben, salzen und pfeffern.

2 Auberginenscheiben nebeneinander in eine flache Auflaufform legen und im Ofen (Mitte) 15 Min. braten. Die Form aus dem Ofen holen, die Auberginen aus der Form nehmen. Kastanienhonig auf dem Formboden verteilen, Auberginenscheiben einmal darin wenden und wieder in die Form legen. Im Ofen weitere 10 Min. braten, zur Halbzeit umdrehen.

3 Zwischendurch die Schweinelende in 8 gleich große Scheiben schneiden. Sonnenblumenöl in einer Pfanne erhitzen. Darin die Lendchen bei mittlerer Hitze auf jeder Seite 3–4 Min. braten. Herausnehmen, pfeffern und salzen.

4 Die Auberginen aus dem Ofen nehmen und auf Tellern anrichten, die Schweinelendchen dazulegen. Servieren.

SECONDI PIATTI

Auf der Piazza von Mondovì gibt es in einer alten Villa ein kleines »Ristorante« mit Blick über die Hügel der Langhe. Ein junges Pärchen serviert hier ausgefallene Speisen wie Kaninchen im Glas oder auch diese fruchtigen Lammkoteletts. Natürlich sind alle von ihnen verwendeten Zutaten aus der Region, die Himbeeren sogar aus dem eigenen Garten. »Die Basis sind immer gute Produkte«, sagt der Chef, »und erst dann kommt die Fantasie.« In diesem Gericht steckt beides.

Costolette di agnello con lamponi
Koteletts vom Lammrücken mit Himbeeren

Für 4 Personen
Zubereitungszeit: ca. 30 Min.
Marinierzeit: ca. 1 Std.
Pro Portion: ca. 400 kcal

250 g Himbeeren
200 ml Weißwein
1 Knoblauchzehe
400 g Lammkoteletts
4 EL Balsamico bianco
1 Bund Schnittlauch
2 EL Olivenöl
Salz | Pfeffer aus der Mühle
4 EL kalte Butter

1 Himbeeren verlesen und nur falls nötig abbrausen und trocken tupfen. Die Hälfte der Beeren mit einem Pürierstab fein zerkleinern, das Himbeerpüree mit dem Weißwein mischen. Den Knoblauch schälen, sehr fein hacken und zum Himbeerwein geben.

2 Die Lammkoteletts abbrausen, um sie von eventuellen Knochensplittern zu befreien, dann trocken tupfen. Die Koteletts in den Himbeerwein legen und darin abgedeckt ca. 1 Std. marinieren lassen.

3 Die Koteletts aus der Himbeermarinade nehmen, abtupfen. Marinade mit dem Balsamico und 100 ml Wasser in einen kleinen Topf geben und bei mittlerer Hitze auf ein Viertel einkochen lassen. Die Sauce durch ein Sieb passieren und wieder in den Topf geben, warm halten.

4 Inzwischen den Schnittlauch abbrausen, trocken schütteln und in feine Röllchen schneiden. Das Olivenöl in einer großen Pfanne erhitzen. Darin die Lammkoteletts bei starker Hitze auf jeder Seite 2–3 Min. braten. Mit Salz und Pfeffer würzen.

5 Die Butter in kleinen Flöckchen unter die Himbeersauce schlagen, mit Salz und Pfeffer abschmecken. Schnittlauch und restliche Himbeeren zur Sauce geben. Mit den Koteletts auf Teller verteilen. Am besten schmeckt dazu Weißbrot.

Tipp: Je nach Süße der Himbeeren kann es nötig sein, die Sauce noch mit ein wenig Zucker abzurunden.

Wenn Freunde aus Deutschland kommen und wir am ersten Morgen fragen, ob sie zum Markt oder ans Meer fahren wollen, nicken die Frauen begeistert. Die Männer drucksen rum. Bis es sich einer zu sagen traut. Sie wollen in den Wald. Holzhacken! Der Schlips wird in die Ecke geschmissen, die Axt geschliffen und schwupp sind sie verschwunden. Und dann hört man nur noch das Ächzen der Bäume und das Schlagen der Äxte. Klein Emil, fünf Jahre alt, sitzt wie festgeklebt auf einem Baumstamm und sieht dabei ganz fasziniert zu. Wenn die Männer dann nach getanem Tagwerk – mit Spreißeln in und Schwielen an den Händen – verschwitzt und dreckig, aber ziemlich glücklich nach Hause kommen, wollen sie nur noch eins: Fleisch! Diese profane Gier lässt sich sehr leicht mit der »Costata Piemontese« stillen. Dieses Steak stammt von den weißen piemontesischen Rindern und hat selten ein Gewicht unter einem Kilo. Aber sogar davon brauchen wir an einem solchen Abend zwei!

Costata con aglio olio

Costata mit Knoblauchöl

Für 4 Personen
Zubereitungszeit: ca. 20 Min.
Garzeit: ca. 20 Min.
Pro Portion: ca. 545 kcal

1 kg Costata (ersatzweise T-Bone-Rindersteak)
2 EL Sonnenblumenöl
3 Knoblauchzehen
8 EL Olivenöl
Salz | Pfeffer aus der Mühle

1 Backofen auf 120 °C (Ober- und Unterhitze) vorheizen. Costata trocken tupfen, die Fettseite grob einschneiden. Sonnenblumenöl in einer großen (gusseisernen) Grillpfanne erhitzen. Darin das Costata bei starker Hitze auf jeder Seite 3–4 Min. sehr scharf anbraten. Erst wenden, wenn sich das Fleisch vom Pfannenboden löst. Dann das Steak auf den Rost legen und im Ofen (Mitte) ca. 20 Min. garen. Nach der Hälfte der Zeit das Fleisch wenden. Da es tropft, am besten eine hitzebeständige Platte auf den Ofenboden stellen.

2 Den Knoblauch schälen und durch eine Presse drücken. Mit dem Olivenöl verrühren. Mit Salz und Pfeffer würzen.

3 Das Fleisch aus dem Ofen nehmen, kräftig mit Salz und Pfeffer würzen. Zum Servieren das Costata auf ein großes Holzbrett legen – so kann sich jeder das Stück abschneiden, das ihm am liebsten ist. Dazu gibt's das Knoblauchöl, mit dem man das Steak beträufelt. Außerdem schmecken dazu ein Tomatensalat (Seite 41) und zerdrückte Kartoffeln (Seite 171).

Tipp: Die Costata besteht aus diversen Teilstücken des Rindes (z. B. Roastbeef, Hüfte), die aufgrund ihrer unterschiedlichen Garzeiten nie gleichzeitig fertig sind. Der saftige Geschmack, der durch diese ungewöhnliche Paarung entsteht, ist aber so gut, dass man das gerne hinnimmt. In Italien wird die Costata mit Vorliebe auch fast roh gegessen, also nur scharf angebraten und dann direkt serviert. Wer das Steak ebenfalls sehr »crudo« mag, brät es einfach etwas länger in der Grillpfanne und gibt es nicht in den Ofen.

KARTOFFELN & POLENTA

Für 4 Personen
Zubereitungszeit: ca. 20 Min.
Garzeit: ca. 50 Min.
Pro Portion: ca. 225 kcal

800 g festkochende Kartoffeln
2 Zweige Rosmarin
3 Knoblauchzehen
50 ml Olivenöl
1 TL Meersalz
Pfeffer aus der Mühle

Patate al rosmarino
Rosmarinkartoffeln

Der Klassiker, der zu fast allem passt. Ich koche die Kartoffeln zuerst im Topf auf dem Herd, bevor ich sie dann im Ofen goldgelb röste, so werden sie außen schön knusprig, aber nicht hart. Und wenn ich zudem unterschiedliche Kartoffelsorten in »bunten« Farben und frisch geerntet zubereite, sieht das nicht nur recht schön aus, sondern schmeckt auch ganz besonders gut.

1 Die Kartoffeln gründlich waschen, ungeschält in einen Topf geben und knapp mit Wasser bedecken. Zugedeckt bei geringer Hitze in ca. 20 Min. bissfest vorgaren. Kartoffeln abgießen und kurz ausdampfen lassen.

2 Den Backofen auf 180 °C (Ober- und Unterhitze) vorheizen. Kartoffeln pellen, vierteln und in eine flache Auflaufform geben. Den Rosmarin abbrausen und trocken schütteln, 1 Zweig in grobe Stücke zerteilen. Den Knoblauch schälen und in dünne Scheiben schneiden. Kartoffeln mit dem Olivenöl beträufeln, den Knoblauch und die Rosmarinstücke dazugeben und alles vermengen. Mit dem Meersalz würzen.

3 Die Kartoffeln im Ofen (Mitte) in ca. 30 Min. goldbraun rösten. Die Rosmarinstücke entfernen. Die Blättchen des übrigen Rosmarinzweigs abzupfen, fein hacken und über die Kartoffeln streuen, pfeffern. Servieren.

Tipps: Wenn Reinhart die Kartoffeln gerade erst aus der Erde gebuddelt hat, ist ihr Aroma herrlich intensiv. Dann schälen wir die Kartoffeln auch nicht. Die Schale wird beim Backen im Ofen richtig schön kross.
Diese Kartoffeln schmecken nicht nur mit frischem Rosmarin ausgezeichnet. Man kann sie genauso gut mit getrocknetem Oregano, frischem oder getrocknetem Thymian oder frischen Lorbeerblättern zubereiten.

KARTOFFELN & POLENTA

Patate schiacciate
Zerdrückte Kartoffeln

Die gekochten, ungeschälten Kartoffeln werden mit dem Handballen leicht flach gedrückt. Dadurch platzt die Schale und wird zusammen mit dem Olivenöl im Ofen leicht krokantartig.

Für 4 Personen
Zubereitungszeit: ca. 15 Min.
Garzeit: ca. 1 Std.
Pro Portion: ca. 220 kcal

800 g festkochende Kartoffeln
50 ml Olivenöl
1 TL Meersalz
Pfeffer aus der Mühle

1 Die Kartoffeln gründlich waschen, ungeschält in einen Topf geben und knapp mit Wasser bedecken. Zugedeckt bei geringer Hitze in ca. 30 Min. weich garen. Zwischendurch mit einer Gabel einstechen und kontrollieren, ob sie schon fertig sind. Kartoffeln abgießen und kurz ausdampfen lassen.

2 Den Backofen auf 200 °C (Ober- und Unterhitze) vorheizen. Kartoffeln mit den Handballen leicht zerquetschen, sodass die Schalen aufplatzen, und in eine flache Auflaufform legen. Mit Olivenöl beträufeln und dem Meersalz bestreuen. Im Ofen (Mitte) in ca. 30 Min. goldbraun rösten.

3 Die Form aus dem Ofen nehmen und die Kartoffeln mit dem Pfeffer würzen, dann gleich auf den Tisch stellen.

Purè di patate
Gestampfte Kartoffeln mit schwarzen Linsen

Für 4 Personen
Zubereitungszeit: ca. 45 Min.
Pro Portion: ca. 355 kcal

50 g schwarze Linsen
200 ml Gemüsebrühe
1 kg mehligkochende Kartoffeln
Salz
80 g weiche Butter
4 EL Sahne
Pfeffer aus der Mühle
1 Prise frisch geriebene
   Muskatnuss

1 Die schwarzen Linsen in der Gemüsebrühe in ca. 30 Min. bissfest kochen. Die Kartoffeln schälen, waschen, vierteln und in einem Topf mit Salzwasser in ca. 20 Min. weich garen. Zwischendurch mal mit einer Gabel einstechen und kontrollieren, ob sie schon fertig sind.

2 Die Kartoffeln und die schwarze Linsen nacheinander in ein Sieb abgießen, die Kartoffeln zurück in den Topf geben. Butter in kleine Würfel schneiden.

3 Kartoffeln mit einem Kartoffelstampfer zerstampfen. Butter und Sahne nach und nach untermischen und so lange weiterstampfen, bis sich eine homogene Masse bildet. Mit Salz, Pfeffer und Muskatnuss würzen. Die schwarzen Linsen unterheben.

»La polenta« – natürlich eine SIE! Man muss ihr ein wenig Zeit widmen, sie beständig rühren, damit sie cremig und samtig wird. Danach ist sie aber eine Schönheit, eine »bella«, und passt harmonisch zu fast allen roten, braunen, schwarzen oder grünen Saucen. Sie mag es, mit Salsicce kombiniert, mit Käse überbacken, mit Trüffeln behobelt, mit Gemüse gerollt oder einfach nur knusprig geröstet zu werden. Und da die Polenta eine SIE ist, ist sie in Italien häufig »Männersache«.

Polenta

Polenta mit Butter, Sahne und Parmesan

Für 4 Personen
Zubereitungszeit: ca. 30 Min.
Pro Portion: ca. 295 kcal

300 ml Milch
100 g Sahne
3 EL Butter
1 Knoblauchzehe
100 g Polenta (Maisgrieß, mittlere Körnung)
30 g frisch geriebener Parmesan
Salz | Pfeffer aus der Mühle

1 Milch, Sahne und Butter in einen weiten Topf geben. Die Knoblauchzehe waschen, mit einem großen Messer zerdrücken und in die Flüssigkeit geben. Die Sahnemilch auf dem Herd unter Rühren zum Kochen bringen.

2 Wenn die Sahnemilch kocht, den Maisgrieß unter ständigem Rühren einstreuen. Die Polenta bei sehr geringer Hitze ca. 20 Min. quellen lassen, dabei ab und zu umrühren.

3 Den Topf vom Herd nehmen und den Knoblauch entfernen. Parmesan gründlich unter die Polenta rühren. Mit Salz und Pfeffer abschmecken.

Variante – getrüffeltes Polentapüree: Polenta wie oben beschrieben zubereiten. 10 g schwarze Sommertrüffel raspeln und unter die Polenta mischen, in eine flache Form streichen. 50 g Butter zerlassen und bräunen, über die Polenta gießen. 20 g schwarze Sommertrüffel darüberhobeln. Alternativ: 2 TL Trüffelpaste (gibt's im italienischen Feinkostladen) unter die Polenta rühren und gerne auch noch etwas schwarze Sommertrüffel darüberhobeln. Die Trüffelpaste kann man im Übrigen auch sehr gut für Pasta (so werden in der Toskana häufig die im Restaurant angebotenen »Tagliatelle al tarfufo« gemacht) und für Kartoffelpüree verwenden.

Variante – gegrillte Polenta: Polenta wie oben beschrieben zubereiten und ca. 2 cm dick auf ein Backblech streichen, auskühlen lassen. Dann in Rechtecke schneiden und auf dem Holzkohlegrill oder in der Pfanne goldbraun rösten. Eine sommerliche Beilage etwa zu Thunfisch (Seite 132).

Tortino di polenta
Polentatörtchen

Für 4 Personen
Zubereitungszeit: ca. 50 Min.
Garzeit: ca. 25 Min.
(+ Polentaherstellung)
Pro Portion: ca. 535 kcal

1 Rezept Polenta (Seite 172)
1 Aubergine
Salz
2 sonnengereifte Tomaten
1 Kugel Büffelmozzarella (125 g)
2 Knoblauchzehen
3 Stängel Basilikum
2 EL Pesto alla Genovese (Seite 68, ersatzweise Basilikumpesto aus dem Glas)
5 EL Olivenöl
Salz | Pfeffer aus der Mühle

1 Die Polenta herstellen wie auf Seite 172 beschrieben, dann ca. 2 cm dick auf ein Blech streichen, auskühlen lassen. Aubergine waschen, putzen und quer in 2 cm dicke Scheiben schneiden, salzen und ca. 30 Min. ruhen lassen.

2 Inzwischen die Tomaten waschen und in dünne Scheiben schneiden, dabei die Stielansätze entfernen. Mozzarella ebenfalls in dünne Scheiben schneiden. Den Knoblauch schälen und in feine Streifen schneiden. Das Basilikum abbrausen, trocken schütteln und die Blättchen abzupfen.

3 Den Backofen auf 180 °C (Ober- und Unterhitze) vorheizen. Die Auberginen abbrausen und trocken tupfen. Polenta vom Blech lösen und Kreise ausstechen, die etwas größer als die Auberginenscheiben sind. Je 1 Klecks Pesto auf jedem Polentakreis verteilen.

4 Öl in eine Auflaufform träufeln. Auberginen flach in der Form auslegen, dabei im Öl wenden, Knoblauch dazugeben. Auberginen im Ofen (Mitte) ca. 10 Min. garen. Dann Auberginenscheiben mit je 1 Polentakreis sowie 1 Tomaten- und Mozzarellascheibe belegen, zwischendurch salzen, pfeffern. Im Ofen (Mitte) ca. 15 Min. backen. Mit den Basilikumblättchen anrichten.

Gnocchi di polenta
Polentagnocchi

Für 4 Personen
Zubereitungszeit: ca. 30 Min.
(+ Polentaherstellung)
Pro Portion: ca. 340 kcal

gut ½ Rezept Polenta (Seite 172)
je 1 Ei und Eigelb (Größe M)
2–3 EL Mehl
Salz | Pfeffer aus der Mühle
50 g Castelmagno (ersatzweise ein anderer würziger Käse)
3 EL Butter
8 Salbeiblättchen

1 Die Polenta herstellen wie auf Seite 172 beschrieben, auskühlen lassen. Dann die Polenta mit dem Ei, dem Eigelb und dem Mehl rasch zu einem Teig verkneten, mit Salz und Pfeffer würzen. Den Käse grob würfeln.

2 Nach und nach mit einem Esslöffel ein wenig Teig abstechen, in die Mitte eine Vertiefung drücken, etwas Käse hineingeben und ein Klößchen formen.

3 In einem weiten Topf reichlich Salzwasser zum Kochen bringen. Darin die Gnocchi bei geringer Hitze ca. 4 Min. sanft köcheln lassen, dann in ein Sieb abgießen und kurz abtropfen lassen.

4 In einer großen Pfanne die Butter zerlassen. Die Gnocchi und den Salbei dazugeben und goldbraun rösten. Servieren.

VINO
Wein

Bei meinem ersten Schluck Barolo war es wie bei meiner ersten Trüffel. Und fast zeitgleich sagte Reinhart: »Das soll der König der Weine sein?« So blieb diese erste Begegnung für lange Zeit die letzte.

Die Nebbiolo-Rebe. Aus ihr wird der Barolo gekeltert.

Wir hatten noch zu viele Flaschen in unserem sehr kleinen Weinkeller, die auf den besonderen Moment warteten. Und einige hatten ihn schon verpasst. Ich musste an die Weinprobe denken, bei der Starkoch Marquard das Essen zubereitete und zahlreiche Weinpäpste Deutschlands probierten. Ich »durfte« fotografieren, und als die letzte Weinflasche geleert und ohne Inhalt noch für 500 Euro versteigert wurde, »durfte« ich die Reste kosten. Gute Tropfen, keine Frage. Aber schmeckte ich den Unterschied?

Also ließen wir den Barolo Barolo sein und holten uns stattdessen den dunkelvioletten, fast schwarzen Dolcetto (nicht süß) oder ein paar Flaschen Barbera. Jedenfalls so lange, bis wir Karen kennenlernten, die uns ein bisschen etwas über die Weine des Piemonts und ganz speziell die der Langhe, der Heimat des Barolos, erzählte.

Typisch kurz vor der Lese: leichter Nebel über den Langhe. Im Weinkeller der Winzer lagert so mancher Schatz.

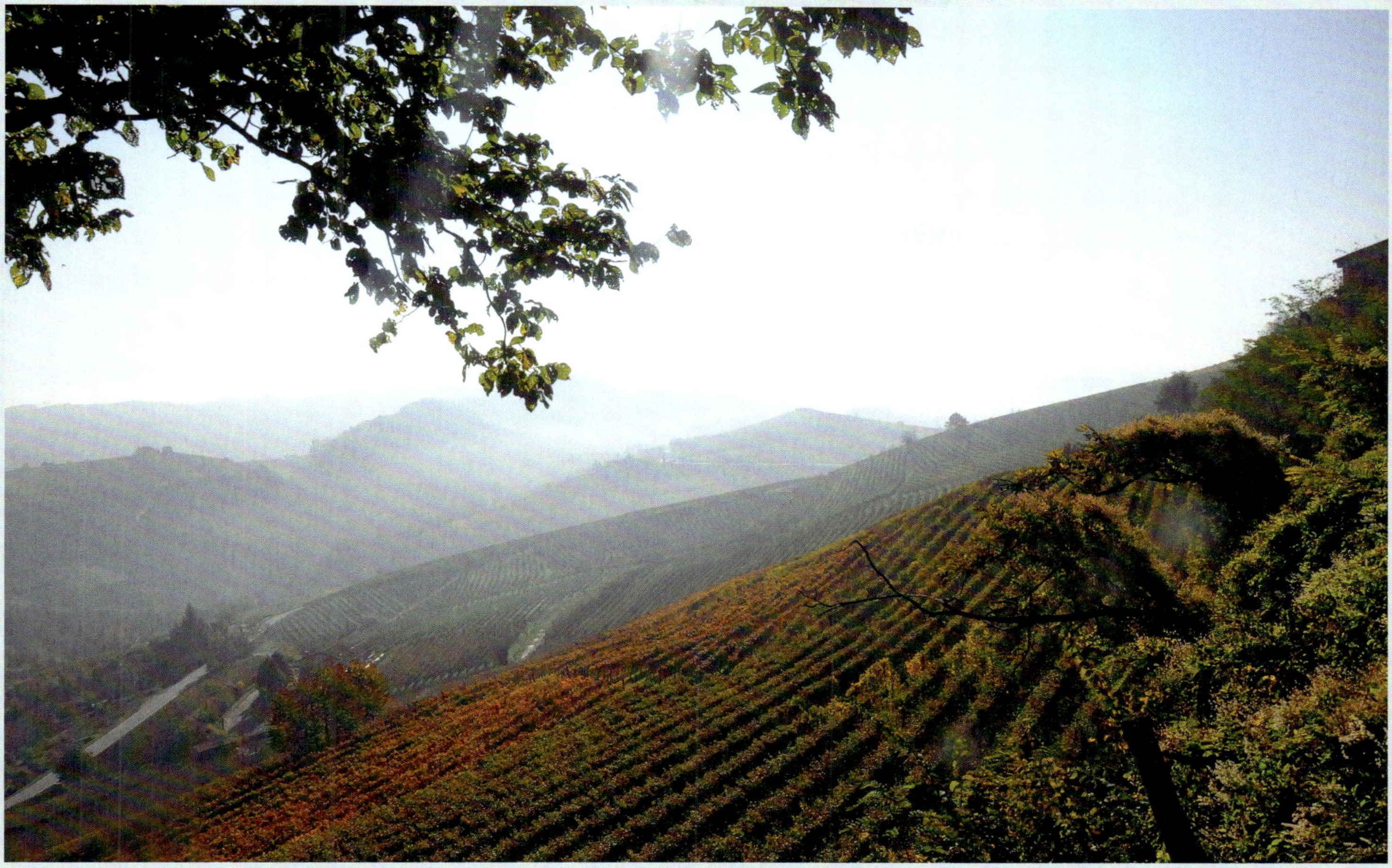

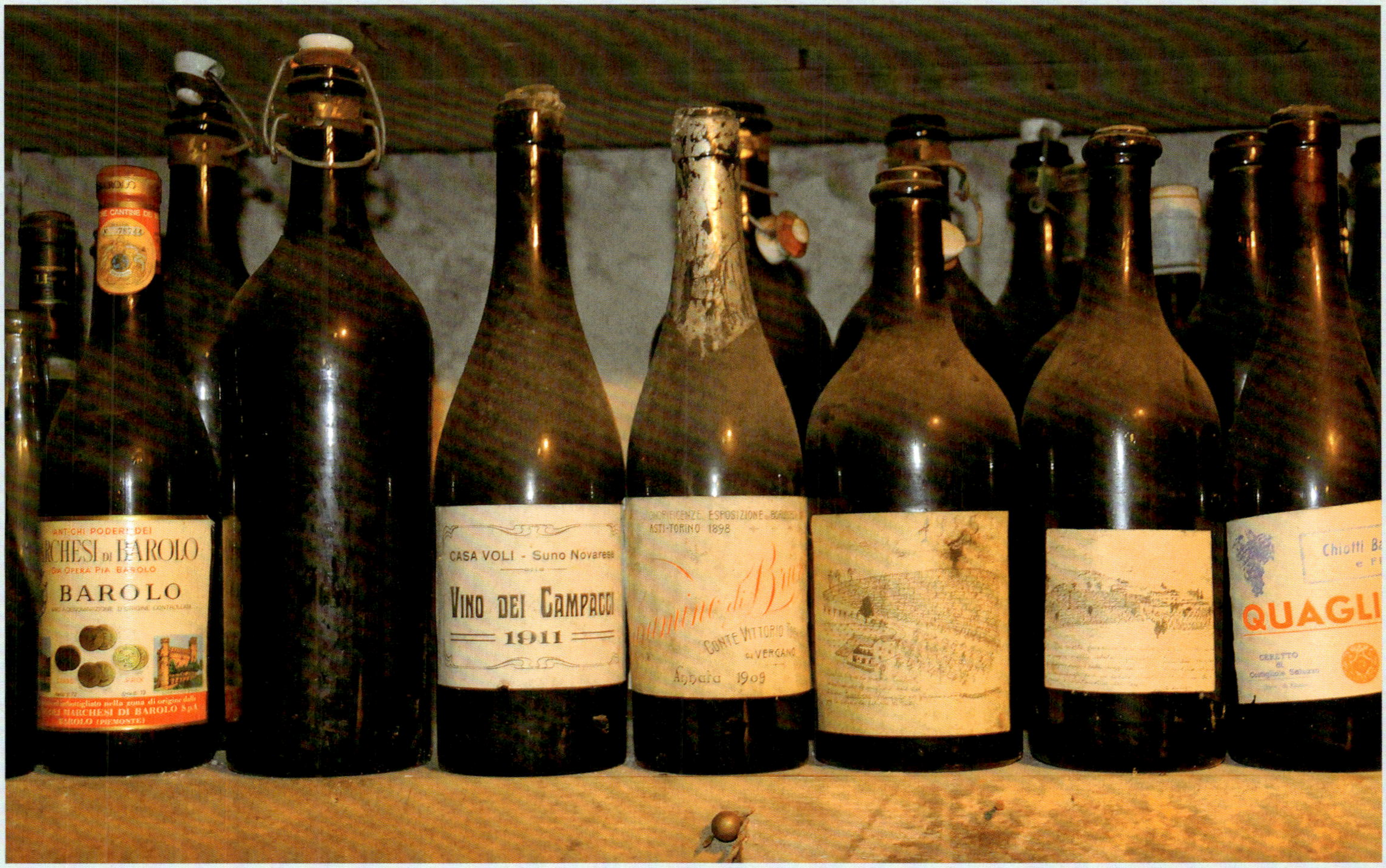
ANTICHI PODERI DEI
BAROLO
CASA VOLI - Suno Novarese
VINO DEI CAMPACCI
1911
ASTI-TORINO 1898
CONTE VITTORIO
VERGANO
Annata 1909
QUAGLI

Der Kellermeister Massimo Martinelli hat sie alle komponiert: die schweren Roten, aber auch die fruchtigen Weißen.

Von Karen Kloß:

Im Süden des Piemonts liegt die Mittelgebirgslandschaft der Langhe. Von ihren mit Burgen bewehrten Hügelkuppen bietet sie an klaren Tagen ein herrliches Panorama, das von den Ligurischen Alpen über den Westalpenbogen bis hin zu Matterhorn und Monte Rosa reicht. Die leuchtenden Farben der Weinberge kontrastieren mit dem blauen Himmel und den oft noch schneebedeckten Gipfeln der Berge.

Kommt jedoch Nebel auf, was im Herbst während der Lese des Nebbiolo (nebbia = Nebel) häufig der Fall ist, zeigt sich die sonst so liebliche Landschaft von ihrer herben Seite. Die mittelalterlichen Burgen ragen gespenstisch aus der grauweißen Wolkenmasse hervor, die tiefen Täler lassen sich nur erahnen und das Bild eines behaglichen Kaminfeuers, vor dessen wohliger Wärme sitzend man ein Glas Wein genießt, taucht vor dem geistigen Auge auf.

Diese gegensätzlichen Eigenschaften der Langhe finden sich auch im Charakter des Barolo wieder, der sie nach vollendeter Reifung zu einem harmonischen Abgang vereint.

Der Barolo, im 19. Jahrhundert von der Gräfin Giulia Colbert Falletti nach ihrem Wohnort benannt, ist einer von zwölf DOCG-Weinen des Piemonts (Wein mit kontrollierter garantierter Herkunftsbezeichnung) und wird aus der Nebbiolo-Rebe gemacht, die mit ihren runden, dunkelblauen Beeren mit süßem, saftigem Fruchtfleisch unumstritten die feinste Traube Norditaliens ist. Ein an Nebel erinnernder typischer weißlicher Belag auf den Beeren gab der Rebe wahrscheinlich ihren Namen.

Um den DOCG-Richtlinien zu entsprechen, müssen die Weintrauben auf dem Gebiet der elf Gemeinden Novello, La Morra, Verduno, Cherasco, Roddi, Diano d'Alba, Grinzane Cavour, Castiglione Falletto, Serralunga, Monforte d'Alba und Barolo auf einer Gesamtfläche von gut 2000 Hektar angebaut worden sein. Der Wein muss mindestens drei Jahre reifen, davon zwei im Holzfass, und einen Mindest-Gesamtalkoholgehalt von 13 Prozent aufweisen. Dem Auge präsentiert er sich granatrot mit orangefarbenen Spiegelungen, die mit dem Alter noch zunehmen.

Im Vergleich zu früher, als der Barolo noch sehr schwer, alkoholstark und gerbstoffreich war, werden heutzutage kleinere und oft auch neue Fässer verwendet, die einen Wein ergeben, der einer gewissen Reifezeit bedarf, um sich voll zu entwickeln, und in dem das Tannin einen angenehmen Rahmen für die Geschmacksnuancen bildet, über die der Barolo in großer Vielfalt verfügt. Je nach Lage und Bodenzusammensetzung erinnert er an Himbeeren, Gewürze, Leder, Holz und als älterer Wein auch an Weihrauch oder Trüffeln. Er schmeckt eben wie das Land, auf dem er wächst.

Wer zum ersten Mal einen Barolo probiert, erwartet einen Geschmack, der dem in Sonnenlicht gebadeten sanften Hügelland mit seinen kräftig leuchtenden Farben entspricht. Aber der Wein wartet auch mit dem Herbstnebel, den nach Pilzen duftenden Wäldern und den Laubfeuern im Weinberg auf. Er lässt das Jahr vom Austrieb des Rebstocks zu Beginn des Frühlings über die späte Reifung der Beeren im Oktober bis hin zum Laubfall im fortgeschrittenen November geschmacklich Revue passieren, und für diese abwechslungsreiche Reise sollte der Verkoster Geduld mitbringen.

Die Italiener mögen im Allgemeinen als lebhaftes, quirliges, mitunter hektisches Volk gelten, aber wenn es um Speis und Trank geht, dann setzt die Muße ein. Da wird sich zu Tisch gesetzt und dort verbringt man dann mitunter Stunden, um jeder der zahlreichen kalten wie warmen Vorspeisen, dem ersten und dem zweiten Gang, der Käseplatte, den Früchten und dem Nachtisch die angemessene Aufmerksamkeit zu erweisen. Jeder Gang wird mit dem passenden Wein kombiniert.

Zu den Antipasti trinkt man ein Glas Chardonnay, Arneis oder Favorita – fruchtige Weißweine, die in den Langhe und im sich nördlich daran anschließenden Roero angebaut werden. Der strohgelbe Roero Arneis DOCG hat ein delikates, frisches Bukett mit einer feinen Holznote, der Geschmack ist elegant und harmonisch und leicht tanninhaltig.

Auch der Pelaverga passt gut zu den Vorspeisen. Diese Rebe kommt aus dem kleinen Gebiet der Gemeinden Verduno, Roddi und Teilen von La Morra. Seit 1995 ist dieser Wein, der Verduno oder Verduno Pelaverga genannt wird, ein DOC-Wein (Wein mit kontrollierter Herkunftsbezeichnung). Er ist rubinrot mit violetten Spiegelungen, hat einen intensiven, wohlriechenden, fruchtigen Geruch mit Gewürznoten, die an frisch gemahlenen Pfeffer erinnern.

Karen Kloß bei der Weinverkostung.

Im Geschmack ist er trocken, frisch, charakteristisch, samtweich und harmonisch. Der Mindest-Gesamtalkoholgehalt liegt bei 11 Prozent, und es wird ihm eine aphrodisische Wirkung zugeschrieben. Dieser verdankt die Stadt Saluzzo angeblich ihr 1511 verliehenes Bistum, da die damalige Markgräfin dem Papst eine Kiste Pelaverga der Weinberge Saluzzos zukommen ließ, um den Bischofssitz zu »beantragen«.

Die Nudelgerichte begleitet meist ein Dolcetto, der lokale Wein für alle Tage. Diese Rebsorte stammt jedoch eigentlich aus den Küstenregionen und gelangte erst durch Tauschhandel ins Piemont. Der Name verweist auf die süße Beere, aus der allerdings ein keineswegs lieblicher Wein gekeltert wird. Der rubinrote, teils schon ins Violette reichende Dolcetto ist fruchtig, aber trocken, duftet nach Veilchen und erinnert im Geschmack an Kirschen und Pflaumen, mit einem angenehmen, leicht bitteren Abgang. Er hat zahlreiche DOC-Prädikate und es gibt auch

Das Weingut Renati Ratti gehört zu den Vorkämpfern eines modernen Barolo-Stils. Unter anderem hat der Kellermeister Martinelli den Fassausbau verkürzt und die Flaschenreifung forciert. Der Barolo von Ratti gehört weltweit zu den Spitzenweinen.

einen Dolcetto di Dogliani Superiore DOCG. Der Dolcetto wird in den Gastwirtschaften übrigens sehr oft als zünftiger, offener Wein serviert.

Zu den Fleischgerichten trinkt man gerne einen Barbera, eine Traube, von der es heißt, dass sie die typisch piemontesischen Eigenschaften vertritt: stark, ungehobelt, dickköpfig, entschieden, eigensinnig und schweigsam. Und wie schmeckt das?

Der Barbera d'Alba DOC ist zum Beispiel ein trockener, gehaltvoller, leicht tanninhaltiger Wein mit ausgeprägtem Säuregehalt, der ihn zum vorzüglichen Begleiter deftiger Speisen macht, da er uns deren Fettgehalt von der Zunge spült und sie für neue Geschmacksrichtungen empfänglich macht. Sein Mindest-Gesamtalkoholgehalt liegt bei 12 Prozent, seine Farbe reicht vom Rubinrot des jungen Weines bis zum Granatrot nach dem Ausbau. Sein Geruch ist weinhaltig, intensiv, charakteristisch mit delikater Duftnote. Wurde er zusätzlich noch mindestens ein Jahr im Fass ausgebaut und weist einen Mindest-Gesamtalkoholgehalt von 12,5 Prozent auf, dann darf er sich »Superiore« nennen.

Auch ein Barbaresco DOCG eignet sich als Begleiter für die kräftigen Speisen. Dieser ebenfalls aus der Nebbiolo-Traube gewonnene Wein wird oft als kleiner Bruder des Barolo bezeichnet. Die Richtlinien sehen vor, dass er zwei Jahre reift, davon ein Jahr im Holzfass, und dass die Trauben im Gebiet der Gemeinden Barbaresco, Neive und Treiso sowie einem kleinen Teil Albas angebaut werden. In der Farbe ähnelt er dem Barolo, und auch er hat ein vielfältiges Bukett, das an Himbeeren, rote Konfitüre, Zimt, grünen Pfeffer, Tabak und Äther erinnert.

Anklänge daran finden sich auch im Nebbiolo selbst, der zum Beispiel als Nebbiolo d'Alba DOC zu den Secondi piatti getrunken wird, aber insgesamt etwas leichter ist.

Sehr kräftige Fleischgerichte, wie etwa Wild, oder auch die Käseplatte sind dann ebenbürtige Partner für den Barolo, der aber längst nicht bei jedem Menü auf den Tisch kommt. Der König der Weine, der im 19. Jahrhundert unter Carlo Alberto der Wein der piemontesischen Könige wurde, tritt zu besonderen Anlässen auf. Und das kann auch ein ruhiger Abend in kleiner Runde vor dem Kamin sein, wo im Kreis guter Freunde und aufmerksamer Zuhörer der König seine abwechslungsreiche Geschichte erzählt.

Doch kehren wir zurück zum Familienessen. Wir sind bei den Nachspeisen angelangt und da darf ein süßer Wein als Begleiter nicht fehlen. Die bekanntesten weißen Vertreter sind der Moscato d'Asti (ohne Perlensäule), ein strohgelber moussierender Wein, wohlriechend, süß und aromatisch im Geschmack, und der Asti (als Sektversion, genannt Spumante) – beide seit 1993 mit DOCG-Prädikat. Da unter dem Namen Asti Spumante in den deutschen Supermärkten jahrelang ein billiger, klebrigsüßer und Kopfschmerz erregender Wein verkauft wurde, lehnen viele Deutsche das angebotene Glas Dessertwein lieber ab. Dabei ist dieser aus der Muskatellertraube gewonnene, fruchtsüße Schaumwein viel besser als sein Ruf.

Abschließend lässt sich noch zu allen Weinen der Langhe bemerken, dass die Vielfalt der Böden dieses zu Urzeiten noch Meeresgrund gewesenen Gebietes je nach Standort so viele Geschmacksvarianten derselben Rebe hervorbringt, dass der aufgeschlossene Genießer auch nach etlichen hier verbrachten Jahren immer wieder aufs Neue köstliche Entdeckungen machen kann.

Das kleine La Morra thront über den Weinbergen. Der Barolo muss mindestens zwei Jahre im Holzfass reifen.

TROVATO
Gefunden

»Pazienza, Geduld«, sagt Reinhart. Er steht in der Tür und lächelt breit. Schon wieder hat er mich erwischt. Dabei bin ich auf Zehenspitzen in sein Büro geschlichen, um nach dem heiß ersehnten Fax vom Immobilienmakler zu sehen.

Geduld! Pazienza? Wie sollte man denn da Geduld haben. Und wen interessierten schon solch profane Fragen wie oder Antworten auf »was ist mit dem Wasser, dem Wegerecht oder gar den Schwarzbauten«? Der Traum vom Haus war noch nie so nahe. Aber an einem einzigen falschen Wort konnte alles scheitern.

Geduld? Geduld? Die war noch nie meine Stärke! Aber dann rattert das Faxgerät. Endlich! Alles in Ordnung, schreiben sie.

Wir laufen hinunter zum Haus. War es auch so schön in unserer Erinnerung? Diesmal ist der Urwald ausgelichtet, das Gras gemäht. Wir steigen nicht über die Mauer. Morgen. Vielleicht.

Und dann ist morgen! Die Maklerin fragt nach unserem maximalen Gebot. Ich nicke und will sagen, dass wir natürlich noch höher gehen. Reinhart tritt mich unterm Tisch. Ich höre auf zu nicken.

Er schreibt einen Preis auf einen Zettel und schiebt ihn Fulvia hin. Wir sollen einen Caffè in der Stadt trinken gehen, sagt sie, und öffnet die Tür. Im Vorzimmer sitzt ein Mann in unserem Alter. Ob er das wohl ist? Der Besitzer? Wir lächeln zögerlich.

»Bei dem Gebot knallt der uns eine«, sage ich. Reinhart ist zuversichtlich.

Wir trinken einen Caffè, tigern unruhig auf dem Parkplatz hin und her. Dann klingelt endlich das Handy.

Signor di Napoli will uns sprechen, sagt Fulvia. Wahrscheinlich um uns die Ohrfeige zu geben, sage ich.

Er ist uns auf Anhieb sympathisch, der Signor, wie er da in seinem grauen Anzug vor uns sitzt. Keine Krawatte, die oberen Hemdknöpfe sind offen. Ein Goldkettchen.

Signor di Napoli nimmt unser Angebot an. Ich bin sprachlos! Habe mich verhört! Frage noch mal. Dann kommt blanke Panik. Wir haben etwas übersehen. Vielleicht wird im kommenden Jahr ja eine Autobahn durchs Tal der Corsaglia gebaut. Warum in Gottes Namen will er dieses wunderschöne Haus verkaufen, frage ich ihn.

Er klopft auf sein Herz. Es macht nicht mehr mit. Und seine Frau. Das erklärt einiges und auch unser Gefühl, dass von heute auf morgen das Leben im Casa eingestellt wurde. Ich bin sofort bereit, die volle Summe zu bezahlen. Und noch etwas draufzulegen. Auch wenn es uns völlig ruinieren würde. Di Napoli scheint zufrieden mit dem Ergebnis.

    Später gehen wir einkaufen: Vitello tonnato. Wein. Käse. Und wir fahren das erste Mal den Weg zum Haus hinunter. Wir steigen über die Mauer, setzen uns auf die verrostete Hollywoodschaukel. Trinken Vino rosso. Fledermäuse fliegen durch die Nacht. Grillen zirpen. Ein kühler Wind weht vom Wald hinüber, und das Rauschen der Corsaglia dringt vom Tal herauf. Ist das schön hier!

Am nächsten Morgen pflanze ich Tomaten in die Terrassen, die neben dem Rustico und kurz vor dem Wald liegen. Und einen Zucchino und eine Aubergine. Der Boden ist fest. Die kleine Schaufel gräbt sich nur millimeterweise in die von Steinen durchsetzte Erde. Sehr unwahrscheinlich, dass die Pflanzen hier überleben. Dann steige ich noch mal über die Steinmauer und verteile Sonnenblumensamen, Kapuzinerkresse und auch noch Mohn.

Alla prossima volta, kleine Villa. Alla prossima.

Wir sind recht früh dran, als wir das erste Mal mit dem Anhänger den Weg zum Haus herunterfahren. Signor di Napoli erwartet uns.

Da ist die Grundstücksgrenze meines Landes, sagt er. Nein, korrigiert er sich jetzt, eures Landes. Hier wachsen die Trüffeln. Hier ist die Quelle. Und hier ist das Video, so hat das Haus mal ausgesehen. Da seht ihr, was wir alles gemacht haben.

»Libero«, sagt Francesco dann. Libero, endlich frei. Dann ist er verschwunden.

Die di Napolis haben alles in dem Haus gelassen. In den Küchenschränken steht Geschirr für eine Großfamilie. Rüschendecken und Plastikblumen. Alle Bilder hängen noch. Auch die, die di Napoli selbst gemalt hat: Stillleben, Blumensträuße, Landschaften. Wir fühlen uns wie Eindringlinge. Wie Voyeure. Unseren Tisch haben wir schon in der Küche platziert. Aber die di Napolis haben hier jede Menge Vergangenheit zurückgelassen.

Von der Terrasse sieht man direkt in den Wald, wo Raubvögel ihre Runden ziehen. Im Gras sitzen hunderte von Heuschrecken. Sobald man es betritt, springen sie in Schwärmen in die Luft. Schmetterlinge flattern umher – weiße, blaue, gelbe, schwarze. Eidechsen sonnen sich. Stille. Kein Nachbar nebenan. Keine Straße in unmittelbarer Nähe. Auch daran muss man sich erst gewöhnen.

Ich gehe die Treppe neben dem Rustico hinunter. Dort sind die Terrassen, die früher einmal als Garten benutzt wurden. Und dort hatte ich das Gemüse gepflanzt.

Aber wo sind die Tomaten, der Zucchino und die Aubergine? Alles ist voller Brennnesseln. Scheinbar hat es keine der Pflanzen geschafft. Doch! Da ist etwas Rotes. Eine Tomate steht noch und trägt sogar Früchte. Aber alles andere ist dem Brennnesselwald erlegen. Keine einzige Sonnenblume hat überlebt.

Wir schieben die Videokassette in di Napolis alten Recorder. 60 Minuten Casa, Straßenbau, Dachdecken und Erdhaufen bewegen. Danach sind wir bereit, den Kaufpreis zu verdoppeln: Di Napoli hat die Straße angelegt, die große Steinmauer gebaut, das Haus von Grund auf restauriert, das Dach gedeckt. Dagegen sind die paar losen Kacheln, zerbrochenen Fenster und Plastikblumen nur Kleinigkeiten. Di Napoli wird in diesem Moment für uns zum Helden.

Der erste Abend. Wir sitzen auf unserer Terrasse. Endlich! Endlich nicht mehr frei. Wir trinken den Schampus, den wir vor etlichen Jahren auf der Expo gekauft haben. 50 Mark für die Flasche und den ganz besonderen Augenblick.

Salute! Nun ja, vielleicht hat diese Flasche ja ihren Höhepunkt schon überschritten.

Langsam senkt sich die Kühle des Waldes übers Tal. Und über unser Haus. Aus »unserem« Wald fliegen kleine, helle Punkte auf uns zu. Glühwürmchen. Oh, schau! Die habe ich seit meiner Kindheit nicht mehr gesehen. Wie schön. Schnell, puste alle Kerzen aus, sonst verglühen sie in dem Feuer. Hunderte kleine Punkte schweben durch die Nacht. Da, hörst du die Wildschweine grunzen? Merkwürdige Geräusche. Und jetzt? Was meinst du?

Was machen wir jetzt hier mit unserer Zeit? Den Grillen lauschen. Im Wald herumstreunen und Pilze suchen. Vino trinken. Pizzaöfen bauen. Und vielleicht Bücher schreiben. Schauen wir mal.

DOLCI

Reife Feigen ganz frisch vom Baum gibt es den ganzen Sommer über: Im Juli kann man die ersten Früchte ernten, Ende Oktober die letzten. Deshalb finden sich auch – glücklicherweise – zahlreiche Gelegenheiten, dieses Semifreddo zu essen. Als letzter Gang eines Menüs nach einem leicht scharfen Feigenhühnchen ist dieses cremige Etwas aus Portwein und Sahne der gelungene Abschluss eines schönen Sommerabends.

Semifreddo con fichi

Semifreddo mit Feigen

Für 4 Personen
Zubereitungszeit: ca. 35 Min.
Gefrierzeit: ca. 24 Std.
Pro Portion: ca. 410 kcal

180 ml roter Portwein
120 g Zucker
3 Eigelb (Größe M)
200 g Sahne
4 violette Feigen

1 Den Portwein und Zucker in einen Topf geben, erhitzen und ca. 3 Min. bei mittlerer Hitze kochen lassen, dann vom Herd nehmen.

2 Die Eigelbe mit den Quirlen des Handrührgeräts schaumig schlagen. Den heißen Portweinsirup dazugeben und alles ca. 10 Min. weiter schaumig schlagen, bis die Masse kalt ist. Die Sahne steif schlagen und unterheben.

3 Eine Kastenform (1,5 l Inhalt) mit Frischhaltefolie auskleiden. Dabei so viel Folie über den Formrand hängen lassen, dass sie später komplett über die Form geschlagen werden kann. Feigen waschen, 1 Feige vierteln, den Rest klein schneiden.

4 Die Hälfte der Schaummasse in die Kastenform füllen. Die Feigenviertel und -stücke darauf verteilen, mit der restlichen Masse abdecken. Die Form ins Tiefkühlfach stellen und das Semifreddo in ca. 24 Std. gefrieren lassen.

5 Semifreddo ca. 30 Min. vor dem Servieren aus dem Tiefkühlfach nehmen und im Kühlschrank antauen lassen, damit es schön cremig wird. Dann aus der Form stürzen und die Folie abziehen. Semifreddo in Scheiben schneiden und auf kleine Teller verteilen, servieren.

Tipps: Statt Feigen kann man auch Pfirsiche oder Mirabellen für das Semifreddo nehmen. Wichtig ist aber, dass die Schalen der Früchte weich sind.

DOLCI

Das »Gelato« von Valentino ist das beste der Stadt. Kein Wunder, der alte Meister macht es mit vielen guten Zutaten und »passione«. Kleine Kunstwerke, jede Sorte für sich. Ob »limone«, »nocciola«, »vaniglia« – danach mag man kein Eis mehr von der Stange. Und deshalb ist unser Vanilleeis ebenfalls mit besten Zutaten und reichlich Hingabe gemacht. Die Vanilleschoten sind extragroß und haben besonders viel Mark. Die schwarze Salsa dazu ist ein fruchtiger Kontrast.

Gelato fatto in casa

Hausgemachtes Vanilleeis mit schwarzer Lavendelsalsa

Für 4 Personen
**Zubereitungszeit: ca. 45 Min.
(+ Auskühlzeit)
Gefrierzeit: ca. 30 Min.
Pro Portion: ca. 565 kcal**

Für die Salsa:
*150 g Brombeeren und Heidelbeeren
1 Stängel Lavendel (nur die Blättchen, keine Blüten)
100 ml Dolcetto (ersatzweise ein anderer trockener Rotwein)
2 EL Waldhonig
2 TL Aceto balsamico*
Für das Eis:
*2 Vanilleschoten
300 g Sahne
150 g Crème fraîche
3 Eigelb (Größe M)
75 g Zucker*

1 Für die Salsa Beeren verlesen, abbrausen und trocken tupfen. Lavendel abbrausen und trocken schütteln, die Blättchen abzupfen. Drei Viertel der Beeren mit Dolcetto, Honig und Essig in einem Topf erhitzen. In 10–15 Min. bei mittlerer Hitze zu einem sirupartigen Brei einkochen. Topf vom Herd nehmen, Lavendel einlegen und durchziehen lassen, bis das Eis fertig ist.

2 Für das Eis Vanilleschoten längs aufschlitzen, das Mark herauskratzen. Mark, Sahne und Crème fraîche in einer Schüssel mit den Quirlen des Handrührgeräts schaumig schlagen. In einen Topf umfüllen und auf dem Herd bei mittlerer Hitze mit dem Schneebesen weiter schaumig aufschlagen, bis die Masse dicklich wird. Nicht kochen!

3 Eigelbe und Zucker hellschaumig schlagen, zur Schaummasse geben und unter Rühren erwärmen. Vom Herd nehmen und auskühlen lassen. Dann die Masse in die Eismaschine füllen und in ca. 30 Min. zu einem cremigen Eis verarbeiten. Die Salsa durch ein Sieb gießen, eventuell kurz erwärmen und mit dem Eis anrichten. Mit den übrigen Beeren garnieren.

Tipp: Noch einen Tick raffinierter wird das Eis, wenn man kurz bevor es fertig ist, grob zerbröselten Baiser (ca. 10 g) hineinstreut.

Dazu schmecken – Zuckerfrüchte und Wassermelonengranita:
Für die Zuckerfrüchte Weintrauben oder grüne Feigen durch leicht aufgeschlagenes Eiweiß ziehen, in Zucker wälzen, für ca. 10 Min. ins Tiefkühlfach legen. Für das Granita Wassermelonenfleisch im Mixer pürieren und mit fein gehackter Minze aromatisieren. In einer flachen Schüssel ins Tiefkühlfach stellen und während des Gefrierens ab und zu mit der Gabel zerstoßen.

Crema di vaniglia con mandorle
Vanillecreme mit Mandeln und Kiwisauce

Wo in Italien Weinreben wachsen, gedeihen auch Kiwipflanzen. Also fast überall. Es gibt große Plantagen im ganzen Land, und Kiwis aus dem eigenen Garten sind so normal wie bei uns Äpfel vom Baum hinterm Haus. Für die Sauce werden die leicht säuerlichen Kiwis roh püriert und mit Kastanienhonig abgeschmeckt – die perfekte Ergänzung zur Vanille-Mandel-Creme.

Für 4 Personen
Zubereitungszeit: ca. 40 Min.
Kühlzeit: ca. 3 Std.
Pro Portion: ca. 675 kcal

5 Blatt weiße Gelatine
1 Vanilleschote
¼ l Milch
3 Eigelb (Größe M)
130 g Zucker
80 g gemahlene Mandeln
50 g Mandelsplitter
250 g Sahne
4 Kiwis
2 EL (Kastanien-)Honig

1 Die Gelatineblätter in eine kleine Schüssel geben, mit kaltem Wasser bedecken und 10–15 Min. quellen lassen. Die Vanilleschote der Länge nach aufschlitzen und das Mark herauskratzen.

2 Die Milch mit der Vanilleschote und dem Mark in einen kleinen Topf geben und zum Kochen bringen. Die Milch bei geringer Hitze ca. 3 Min. leicht köcheln lassen, die Schote herausnehmen.

3 Eigelbe mit 80 g Zucker in eine Schüssel geben und mit den Quirlen des Handrührgeräts hellschaumig schlagen. Die Milch dazugießen, dabei immer weiterschlagen. Schaummasse in eine Kasserolle oder in den kleinen Topf füllen und bei geringer Hitze mit dem Schneebesen kräftig aufschlagen, bis die Masse heiß ist. Nicht kochen! Die Gelatine unterrühren, bis sie sich aufgelöst hat, gemahlene Mandeln unterheben. Die Creme abkühlen lassen, bis sie zu gelieren beginnt.

4 Inzwischen die Mandelsplitter in einer Pfanne trocken goldbraun rösten, herausnehmen. Den übrigen Zucker in die Pfanne streuen und bei mittlerer Hitze karamellisieren lassen. Mandelsplitter dazugeben und mit dem Karamell vermischen. Krokant auf Backpapier flach ausbreiten, auskühlen lassen.

5 Die Sahne steif schlagen und unter die Creme heben. In Förmchen füllen und im Kühlschrank in ca. 3 Std. auskühlen und fest werden lassen. Dann den Krokant in einen Gefrierbeutel geben und mit einem Fleischklopfer oder dem Nudelholz zerkleinern. Kiwis schälen, klein schneiden und mit dem Honig im Mixer pürieren. Die Creme aus den Förmchen stürzen und mit dem Krokant bestreuen. Die Kiwisauce dazu reichen.

Tipps: Hübsch sieht es auch aus, wenn man die Creme in schöne Gläser füllt und darin serviert.
Statt mit Kiwis die Sauce unbedingt einmal mit roten und grünen Stachelbeeren zubereiten.

Biancomangiare al cocco
Kokoscreme

Wenn man im Hochsommer über das heiße Pflaster florentinischer Gassen läuft, freut man sich, sie zu sehen: die Straßenverkäufer. Neben »spremuta« und »granita« verkaufen sie meist auch grob gebrochenes Kokosnussfleisch. Und immer wenn ich diese Kokoscreme esse, kommt mir Firenze in den Sinn und die schöne Erfrischung, die es dort an heißen Sommertagen gibt.

Für 4 Personen
Zubereitungszeit: ca. 30 Min.
(+ Abkühlzeit)
Kühlzeit: ca. 6 Std.
Pro Portion: ca. 665 kcal

7 Blatt weiße Gelatine
¼ l Kokosmilch
120 g Zucker
100 g Kokosraspel
300 g Sahne
50 g Kakaopulver
½ kleine rote Peperoni

1 Die Gelatineblätter in eine kleine Schüssel geben, mit kaltem Wasser bedecken und ca. 10 Min. quellen lassen.

2 Die Kokosmilch, 100 g Zucker und die Kokosraspel in einem kleinen Topf zum Kochen bringen. Die Milch bei geringer Hitze ca. 5 Min. leicht köcheln lassen. Die Gelatine unterrühren, bis sie sich aufgelöst hat. Die Masse abkühlen lassen, bis sie zu gelieren beginnt.

3 Dann 250 g Sahne steif schlagen und unter die Creme heben. In schöne Gläschen füllen und in ca. 6 Std. im Kühlschrank fest werden lassen.

4 Übrige Sahne mit restlichem Zucker und dem Kakaopulver in einem kleinen Topf unter ständigem Rühren erhitzen, bis eine sämige Sauce entstanden ist. Die Peperoni waschen, entkernen, sehr fein hacken und hinzufügen. Die warme Sauce zu der kalten Kokoscreme servieren.

Im späten Herbst hängen die Bäume scheinbar noch übervoll mit Äpfeln. Erst beim näheren Hinsehen erkennt man, dass es Kakis sind. Aber auch diese liegen dann zuhauf als Fallobst verstreut auf der Erde. Und daraus kann man zusammen mit einer Zitronencreme eine herrliche süße »Caprese« machen.

Caprese dolce
Süße Caprese

Für 4 Personen
Zubereitungszeit: ca. 30 Min.
(+ Abkühlzeit)
Kühlzeit: ca. 12 Std.
Pro Portion: ca. 395 kcal

2 Bio-Zitronen
150 g Zucker
5 Blatt weiße Gelatine
200 g Sahne
2 Kakis
3 EL Kastanienhonig oder herber Waldhonig
ein paar Zitronenmelisseblättchen zum Garnieren

1 Die Zitronen heiß waschen und abtrocknen, von ½ Zitrone die Schale dünn abschälen, von allen Früchten den Saft auspressen. Beides mit 120 g Zucker und 100 ml Wasser in einem kleinen Topf zum Kochen bringen. Bei geringer Hitze ca. 2 Min. köcheln lassen, dann den Sirup abkühlen lassen.

2 Die Gelatineblätter in eine kleine Schüssel geben, mit kaltem Wasser bedecken und ca. 10 Min. quellen lassen.

3 Die Zitronenschale aus dem Sirup entfernen. Den Zitronensirup wieder erhitzen, die Gelatine hinzufügen und unterrühren, bis sie sich aufgelöst hat. Den Sirup abkühlen lassen, bis er zu gelieren beginnt. Eine halbrunde Form (ca. 600 ml Inhalt) glatt mit Frischhaltefolie auslegen (das erleichtert später das Stürzen).

4 Sahne mit dem restlichen Zucker steif schlagen und unter den gelierenden Zitronensirup rühren. Die Creme in die Form füllen und in ca. 12 Std. (am besten über Nacht) im Kühlschrank fest werden lassen.

5 Dann die Kakis waschen und längs in dünne Scheiben schneiden, dabei die Stielansätze entfernen. Zitronencreme aus der Form stürzen und die Folie abziehen. Die Creme ebenfalls in dünne Scheiben schneiden. Die Kaki- und Zitronencremescheiben auf einer großen Platte »alla caprese« anrichten. Mit dem Honig beträufeln und den Melisseblättchen garnieren.

DOLCI

Im Juni ist der Waldboden voller kleiner roter Punkte: Walderdbeeren. Zugegeben, es ist mühsam sie zu ernten, aber diese kleinen Früchtchen haben so viel Aroma wie manch andere Plantage-Erdbeeren nicht. Und lieber nur eine Handvoll puren Erdbeergeschmack frisch in den Mund gesteckt und dann davon lange träumen ... Traumhaft passen Walderdbeeren auch zu dieser Panna cotta aus Sahne und Crème fraîche.

Panna cotta con fragoline di bosco

Panna cotta mit Walderdbeeren

Für 6 Personen
Zubereitungszeit: ca. 25 Min.
Kühlzeit: ca. 6 Std.
Pro Portion: ca. 440 kcal

3 Blatt weiße Gelatine
1 Vanilleschote
400 g Sahne
200 g Crème fraîche
100 g Zucker
250 g Walderdbeeren
150 ml Prosecco

1 Die Gelatineblätter in eine kleine Schüssel geben, mit kaltem Wasser bedecken und ca. 10 Min. quellen lassen.

2 Die Vanilleschote der Länge nach aufschlitzen und das Mark herauskratzen. Schote und Mark mit Sahne, Crème fraîche und Zucker in einen Topf geben und unter ständigem Rühren mit einem Schneebesen erhitzen. Die Vanilleschote wieder entfernen.

3 Die Gelatine zur Sahnecreme geben und unterrühren, bis sie sich aufgelöst hat. Die Creme in Gläser füllen und in ca. 6 Std. im Kühlschrank fest werden lassen.

4 Die Walderdbeeren verlesen und nur leicht abbrausen, trocken tupfen. Die Beeren auf der Panna cotta verteilen und mit dem Prosecco auffüllen. Ein wunderbar frisches Sommerdessert!

Tipp: Anstelle der Walderdbeeren kann man natürlich auch alle anderen »Früchte des Waldes« nehmen, also Himbeeren, Brombeeren, Heidelbeeren. Und wie die Walderdbeeren sind auch diese in der Regel kleiner als die Zuchtvarianten, aber herrlich aromatisch. Es lohnt sich beim Waldspaziergang also immer, ein kleines Gefäß zum Sammeln dabeizuhaben. Bei mir landet gut die Hälfte der Beeren allerdings gleich im Mund.

Fast wollüstig muten sie an, diese kleinen Windbeutel: innen klassisch mit Schlagsahne gefüllt und außen in einen Mantel aus »beschwipster« Schokosahne gehüllt. Und als wäre dies nicht Sünde genug, kommen dann noch tiefrote, süße, saftige Erdbeeren dazu ...

Profiteroles con fragole
Kleine Windbeutel mit Erdbeeren

Für ca. 40 Stück
Zubereitungszeit: ca. 1 Std.
(+ Auskühlzeit)
Backzeit: ca. 50 Min.
Pro Stück: ca. 105 kcal

Für die Profiteroles:
50 g Butter (+ etwas mehr für die Backbleche)
150 g Mehl
3–4 Eier (Größe M)
1 TL Backpulver

Für die Füllung:
400 g Sahne
3 EL Zucker

Für den Mantel:
400 g Sahne
3 EL Zucker
4 EL Kakaopulver
1–2 Schuss Grappa (je nachdem wie beschwipst Sie Ihre Gäste haben möchten)

Für die Garnitur:
500 g Erdbeeren
Puderzucker zum Bestäuben

1 Für die Profiteroles ¼ l Wasser und die Butter in einem Topf aufkochen. Vom Herd nehmen und das Mehl mit einem Schneebesen einrühren. Dann den Topf wieder auf den Herd stellen und den Teig unter Rühren mit einem Holzkochlöffel »abbrennen«, bis er sich zu einem Kloß geformt hat und auf dem Topfboden eine weiße Schicht entstanden ist (das dauert ca. 1 Min.).

2 Den Brandteig in eine Schüssel geben. Nach und nach nur so viele Eier mit einem Schneebesen unterrühren, bis ein glatter, glänzender Teig entstanden ist. Den Teig auskühlen lassen, dann das Backpulver einrühren.

3 Den Backofen auf 220 °C (Ober- und Unterhitze) vorheizen, zwei Backbleche mit Butter einfetten. Mit zwei Teelöffeln nach und nach etwas Teig abnehmen und als kleine Häufchen auch die Bleche setzen, dabei die Löffel immer wieder in kaltes Wasser tauchen. Bleche nacheinander in den Ofen (Mitte) schieben und die Profiteroles in ca. 25 Min. goldbraun backen. Aus dem Ofen nehmen und auskühlen lassen.

4 Dann für die Füllung die Sahne mit dem Zucker steif schlagen und in die Profiteroles füllen (siehe Tipp). Das gefüllte Gebäck auf einer großen Platte zu einem Haufen übereinanderstapeln.

5 Für den Mantel die Sahne mit dem Zucker steif schlagen. Kakaopulver darübersieben, Grappa dazugeben, beides gründlich unter die Sahne heben. Schokosahne über den übereinandergestapelten Profiteroles verteilen. Die Erbeeren waschen, putzen und als Garnitur auf die Schokosahne setzen. Mit Puderzucker bestäuben. Dem kann niemand widerstehen!

Tipp: Man kann die Sahne auf zwei Arten in die Profiteroles einfüllen. Entweder man schneidet die Windbeutel auf und gibt die Sahne mit dem Löffel hinein. Oder man benutzt einen Spritzbeutel mit dünner Lochtülle, mit der man zuvor ein kleines Loch ins Gebäck gestochen hat.

Diese Nachspeise ist einfach und schnell zuzubereiten. Zitronenmus und Turiner Schokoladenlikör mit »un po'di piccante« – einem Hauch Schärfe – machen sie aber ziemlich raffiniert –, sie hat auf meinem kleinen Nachtischbüfett Obstsalat, Biskuitrolle und Tiramisu ausgestochen! Und wenn Erdbeeren keine Saison haben, nehmen Sie stattdessen einfach ein anderes Obst.

Fragole con amaretti

Erdbeeren mit Amaretti und Zitronenmus

Für 4 Personen
Zubereitungszeit: ca. 20 Min.
Kühlzeit: ca. 3 Std.
Pro Portion: ca. 420 kcal

250 g Erdbeeren
1 EL Grappa
100 g Amaretti
¼–1 kleine rote Peperoni (je nach gewünschter Schärfe)
250 g Sahne
1 Pck. Vanillezucker
4 EL Kakaopulver
3 EL (Turiner) Schokoladenlikör
4 EL Zitronenmus (siehe Variante auf Seite 219, ersatzweise Zitronenmarmelade aus dem Glas)

1 Die Erdbeeren waschen, putzen, vierteln und in eine Schüssel geben, mit dem Grappa beträufeln und kurz marinieren lassen. Die Amaretti in einen Gefrierbeutel geben und mit einem Fleischklopfer oder dem Nudelholz zerkleinern. Die Peperoni waschen, entstielen und fein hacken.

2 Die Sahne mit dem Vanillezucker steif schlagen. Die Hälfte der Schlagsahne in eine andere Schüssel geben, den Kakao darüberstäuben, Schokoladenlikör und Peperoni dazugeben, alles unterheben.

3 Die Hälfte der hellen Schlagsahne in vier dickbauchige Weingläser verteilen. Darüber die Hälfte der Erdbeeren, dann das Zitronenmus und anschließend die Hälfte der Amaretti geben. Schokosahne darauf verteilen. Mit den restlichen Erdbeeren, übriger heller Schlagsahne und restlichen Amaretti abschließen. Im Kühlschrank ca. 3 Std. durchziehen lassen.

Tipp: Für dieses Dessert sollte die Sahne richtig schön steif geschlagen werden, damit sie während des Kühlens nicht so schnell zusammenfällt. Dafür muss die Sahne sehr kalt sein. Falls nötig, kann man sie vorher noch kurz ins Tiefkühlfach stellen.

DOLCI

»Peccato« heißt übersetzt Sünde – und diese Mousse ist definitiv eine. Ich habe sie in Turin, der Stadt, in der die Schokolade geboren sein muss, gegessen, als ich leicht gestresst von zu viel Arbeit und noch viel schlechterem Wetter aus dem Norden kam. Wir liefen durch die Straßen dieser souveränen Schönheit und aßen dann in einer kleinen Trattoria viele, viele herrliche »peccati di gola« (auf Deutsch: Gaumensünden). Und von Sünde zu Sünde ging es mir besser. Bis zum finalen Schluss diese Creme kam – da war dann der ganze Stress auf einen Schlag wie weggeblasen. Es wäre also eine Sünde, diese Mousse nicht zu essen.

Peccato di cioccolato

Schokoladensünde

Für 6 Personen
Zubereitungszeit: ca. 1 Std.
Kühlzeit: ca. 12 Std.
Pro Portion: ca. 500 kcal

4 Bio-Orangen
250 g Sahne
100 g Zarbitterschokolade
  (mindestens 50 % Kakao)
100 g Zartbitterschokolade
  (mindestens 70 % Kakao)
60 g Butter
1 Vanilleschote
3 Eigelb (Größe M)
4 EL weißer Zucker
100 g Heidelbeeren
2 EL (Roh-)Rohrzucker
ein paar Schokoladenspäne
  zum Garnieren

1 Die Orangen heiß waschen und abtrocknen, von 2 Orangen die Schale mit einem Zestenreißer in feinen Streifen abziehen, den Saft aller Orangen auspressen. Beides in einen Topf geben und in ca. 30 Min. sirupartig einkochen, abkühlen lassen. Die Sahne für ca. 10 Min. ins Tiefkühlfach stellen.

2 Inzwischen die Schokolade in kleine Stücke brechen und mit der Butter unter Rühren in einem heißen Wasserbad schmelzen, dann leicht abkühlen lassen. Die Vanilleschote längs aufschlitzen und das Mark herauskratzen.

3 Eigelbe, weißen Zucker und das Vanillemark mit den Quirlen des Handrührgeräts hellschaumig schlagen. Die Schokolade nach und nach einfließen lassen, dabei vorsichtig weiterschlagen. Dann drei Viertel des Orangensirups unterrühren. Die Sahne steif schlagen und unter die Schaummasse heben. Die Mousse ca. 12 Std. (am besten über Nacht) kalt stellen.

4 Dann Heidelbeeren verlesen, waschen und trocken tupfen. Restlichen Orangensirup auf Teller verteilen. Von der Schokomousse mit einem Esslöffel Nocken abstechen und mit den Beeren auf dem Sirup anrichten, den Rohrzucker darüberstreuen. Die Mousse mit den Schokospänen garnieren.

Tipps: Wer es gerne scharf mag, kann unter die Schaummasse auch noch 1 fein gehackte rote Peperoni mischen.
Auch sehr fein: weiße Schokoladenmousse. Dafür anstelle der dunklen, einfach weiße Schokolade nehmen.

DOLCI

Maria Emilie und Stefano wohnen schon immer hier. Sie haben einen großen »Giardino«, Hühner, Katzen, Hunde, Ziegen und einen riesigen Haselnusshain, in dem die berühmten Piemonteser Nüsse wachsen. Während Stefano in dem großen Garten die Beete umgräbt, backt und kocht Maria für Kinder und Kindeskinder. Und wenn ich bei ihnen frische Eier hole und in der Küche darauf warte, schneidet mir Maria Emilie ein Stück von dem saftigen Kuchen ab, der auf dem Tisch steht. »Questa è una ricetta della mia famiglia, Gabriella, senza farina« – ein Familienrezept ohne Mehl. Besonders gut sei dieser Nusskuchen, fügt die rundliche Frau mit einem breiten Lächeln hinzu, wenn er erst noch eine Nacht im Kühlschrank durchziehen kann, bevor er gegessen wird. Sollte er so lange überleben, denke ich mir.

Torta di nocciole di Maria

Marias Nusskuchen

Für 1 Kastenform (ca. 1,5 l Inhalt, ca. 6 dicke Stück)
Zubereitungszeit: ca. 35 Min. (+ Auskühlzeit)
Backzeit: ca. 35 Min.
Pro Stück: ca. 515 kcal

1 EL Butter
1 EL Kastanienhonig oder herber Waldhonig
50 g gehackte Haselnüsse
4 Eier (Größe M)
100 g Zucker
200 g gemahlene Haselnüsse
200 g Sahne

1 Den Backofen auf 170 °C (Ober- und Unterhitze) vorheizen. Die Butter in die Kastenform geben, die Form in den Ofen stellen und die Butter zerlassen. Aus dem Ofen nehmen und etwas abkühlen lassen.

2 Dann die Ränder der Form mit ein wenig Butter einfetten. Den Honig in die Form geben und mit der Butter, die sich am Boden gesammelt hat, verrühren. Die gehackten Haselnüsse gleichmäßig auf den Boden streuen.

3 Die Eier trennen. Die Eiweiße mit 1 EL Zucker sehr steif schlagen. Die Eigelbe mit 70 g Zucker hellschaumig schlagen. Zuerst den Eischnee unterheben, dann nach und nach die gemahlenen Haselnüsse.

4 Die Nussmasse in die Kastenform füllen. In den Ofen (unten) schieben und ca. 35 Min backen. Nach etwa der Hälfte der Backzeit den Kuchen mit Alufolie abdecken, damit er nicht zu braun wird. Kurz vor Backende mit einem Holzstäbchen in den Kuchen stechen: Bleibt kein Teig daran kleben, ist er fertig. Dann den Kuchen aus dem Ofen holen, aus der Form stürzen (die Nuss-Honig-Kruste soll oben sein) und auskühlen lassen.

5 Dann die Sahne mit dem übrigen Zucker steif schlagen. Der Kuchen zweimal horizontal durchschneiden. Die eine Hälfte der Schlagsahne auf dem unteren, die andere Hälfte auf dem mittleren Boden verteilen. Den Kuchen wieder zusammensetzen.

Was in Frankreich die Provence ist, ist in Italien das Piemont. Beide Regionen sind nur durch die »Alpi del Mare« getrennt. Und vielleicht ist es diese Nähe zu Frankreich, die die piemontesische Patisserie so ausgesprochen schöne Blüten treiben lässt: allerlei mit Creme gefülltes kleines Schmalzgebäck, Mandelhörnchen, Torte mit Baiser, Semifreddo und glasierte Kastanien. Diese Tarte gibt sich in ihrer Kombination aus Torrone, Feigen und Basilikum zwar ausgesprochen italienisch, hat aber deutlich französische Raffinesse in sich.

Torta di fichi

Feigentarte mit Torronecreme und Basilikumgelee

Für 1 Springform (26 cm Ø, ca. 12 Stück)
Zubereitungszeit: ca. 1 Std. (+ Abkühlzeit)
Kühlzeit: ca. 3 Std. 30 Min.
Backzeit: ca. 20 Min.
Pro Stück: ca. 385 kcal

Für den Teig:
200 g Mehl
1 TL Backpulver
60 g Zucker | 1 Ei (Größe M)
1 Prise Salz | 100 g kalte Butter
500 g getrocknete Hülsenfrüchte zum Blindbacken

Für die Creme:
3 Blatt weiße Gelatine
200 g Sahne
100 g Torrone (weißes Nougat aus Eiweiß und Honig, mit Mandeln, Nüssen oder anderem)
250 g Mascarpone
350 g grüne Feigen

Für das Gelee:
3 Blatt weiße Gelatine
300 ml Prosecco | 3 EL Zucker
10 Basilikumblättchen

1 Für den Teig Mehl und Backpulver in einer Schüssel vermischen. In die Mitte eine Mulde drücken, Zucker, Ei und Salz hineingeben und mit einem Teil des Mehls zu einem dicken Brei verrühren. Dann die Butter in kleinen Flöckchen dazugeben und alles zu einem glatten Mürbteig verkneten. Den Teig für ca. 30 Min. in den Kühlschrank legen.

2 Dann Backofen auf 180 °C (Ober- und Unterhitze) vorheizen. Springform mit Backpapier auslegen. Den Teig dünn ausrollen und in die Form einpassen, dabei sollte der Rand höchstens (!) 1 cm hoch werden. Teig mit Backpapier belegen, die Hülsenfrüchte darauf verteilen. Form in den Ofen (Mitte) schieben und den Teig in ca. 20 Min. goldbraun backen. Herausnehmen und abkühlen lassen, Papier und Hülsenfrüchte entfernen.

3 Für die Creme Gelatineblätter in eine kleine Schüssel geben, mit kaltem Wasser bedecken und 5–10 Min. quellen lassen. Die Sahne in einem kleinen Topf erhitzen. Torrone grob hacken und in der Sahne schmelzen. Gelatine unterrühren, bis sie sich aufgelöst hat. Den Mascarpone unterheben. Creme abkühlen lassen, bis sie zu gelieren beginnt, dann so auf dem Tarteboden verteilen, dass sie über den Tartebodenrand bis ganz zum Rand der Form (!) geht. Die Feigen waschen, in dünne Scheiben schneiden und auf der Creme verteilen. Die Tarte ca. 1 Std. kalt stellen.

4 Für das Gelee die Gelatine ebenfalls einweichen. Prosecco und Zucker erhitzen und die Gelatine darin schmelzen. Die Basilikumblättchen klein zupfen und in die heiße Flüssigkeit geben, abkühlen lassen. Sobald der Prosecco gut abgekühlt, aber noch flüssig ist, durch ein Sieb über die Feigen und Torronecreme gießen. Die Tarte nochmals für ca. 2 Std. kalt stellen und das Gelee fest werden lassen.

Für meine Feigenkonfitüre nehme ich nur die violetten, sehr reifen Früchte und mache dann drei Varianten: eine pure, eine mit Grappa und eine mit Schärfe. Egal, in welcher Version sie auf den Frühstückstisch kommt – die Feigenkonfitüre ist immer zuerst weg.

Tre confetture di fichi

Dreierlei Feigenkonfitüren

Für 6 Twist-off-Gläser
(je ca. ¼ l Inhalt)
Zubereitungszeit: ca. 30 Min.
Ruhezeit: ca. 1 Std.
Pro Glas: ca. 430 kcal

1 kg violette Feigen
1 Zimtstange
500 g Gelierzucker 1:2
Nach Belieben:
50 ml Grappa
1 kleine rote Peperoni

1 Feigen waschen, vierteln und mit der Zimtstange in einen Topf geben. Den Gelierzucker darüberstreuen und unter die Feigen mischen, ca. 1 Std. durchziehen lassen. Gläser gründlich heiß auswaschen, gut abtropfen lassen.

2 Dann den Topf auf den Herd stellen und die Feigen unter ständigem Rühren ca. 5 Min. bei mittlerer Hitze kochen lassen. Gelierprobe machen: ein bisschen Konfitüre auf ein Tellerchen geben. Wird sie gleich fest, ist die Konfitüre abfüllbereit, sonst noch kurz weiterkochen lassen.

3 Jetzt nach Belieben eine der drei Varianten zubereiten: Entweder die Konfitüre pur – also so, wie sie ist – in die Gläser füllen. Oder den Grappa unter die Feigenkonfitüre rühren, noch mal aufkochen lassen und dann in die Gläser füllen. Oder Peperoni waschen, entstielen, sehr fein hacken und unter die Konfitüre rühren, in Gläser füllen. Zimtstange vorher entfernen.

4 Die Gläser gut verschließen und nach Wunsch noch kurz auf den Kopf stellen, dann wieder umdrehen. Konfitüre an einem dunklen kühlen Ort aufbewahren. Haltbarkeit: mindestens 1 Jahr.

Tipp: Wir mögen sehr gerne große Fruchtstücke in der Marmelade. Wer lieber kleinere Stückchen möchte, sollte die Früchte nicht nur vierteln, sondern grob würfeln oder nach dem Durchziehen einfach pürieren.

Variante – beschwipstes Feigenkompott: 500 g violette Feigen waschen, vierteln und in einen Topf geben. Mit so viel Dolcetto begießen, dass sie damit bedeckt sind. 100 g Zucker, 1 Zimtstange, 1 TL schwarze Pfefferkörner und das Mark von ½ Vanilleschote dazugeben, alles verrühren und bei mittlerer Hitze ca. 10 Min. kochen lassen. Das Kompott in gut ausgespülte Twist-off-Gläser füllen, verschließen. Haltbarkeit: mindestens 1 Jahr. Schmeckt zu Vanilleeis, Käse und vielem mehr.

Auf dem Rückweg vom Markt halten wir meistens bei Luca an und trinken einen Espresso. Immer bekommen wir noch etwas mit: Nüsse, Gemüse – oder ein Glas Zitronenmarmelade von Lucas Oma. Und weil die eine Frau fürs Einfache ist, ist dieses Rezept auch ganz simpel. Man muss nicht mühsam die gelbe Schale und die weiße Haut der Zitronen abschälen, sondern kocht sie einfach im Ganzen. Mit ein paar Tricks.

Confettura di limoni
Zitronenmarmelade

Für 8 Twist-off-Gläser
(je ca. ⅛ l Inhalt)
Zubereitungszeit: ca. 30 Min.
Kochzeit: 1 Std.
Pro Glas: ca. 535 kcal

1 kg Bio-Zitronen (mit möglichst dünner Schale)
1 kg (Roh-)Rohrzucker
3 EL Grappa (nach Belieben)

1 Zitronen heiß waschen, in einen Topf geben und mit Wasser bedecken. Das Wasser zum Kochen bringen, die Zitronen ca. 20 Min. kochen lassen, das Wasser abschütten. Diesen Vorgang zwei weitere Male wiederholen. Die Gläser gründlich heiß auswaschen und gut abtropfen lassen.

2 Die Zitronen in kleine Stücke schneiden, dabei von den Kernen befreien. Zitronen in den Topf geben, den Zucker darüberstreuen und untermischen. Alles aufkochen lassen, dann mit einem Pürierstab fein pürieren und weitere 10 Min. bei geringer Hitze leicht köcheln lassen. Eventuell den Grappa unterrühren und die Marmelade nochmals aufkochen.

3 Die Marmelade in die Gläser füllen und gut verschließen. Nach Wunsch noch kurz auf den Kopf stellen, dann wieder umdrehen. Die Marmelade an einem dunklen kühlen Ort aufbewahren. Haltbarkeit: mindestens 1 Jahr.

Variante – Zitronenmus: Dafür die Zitronen wie beschrieben dreimal kochen, in Stücken (ohne Kerne) mit dem Zucker in einen Topf geben. Die Mischung nur kurz aufkochen lassen, dann mit einem Pürierstab zu einem feinen Mus zerkleinern. In die Gläser abfüllen, gut verschließen. Haltbarkeit: mindestens 1 Jahr. Schmeckt zu Schokoladenmousse und Eis (Seite 211).

Variante – pfeffriges Zitronen-Honig-Mus: Wie das Zitronenmus oben zubereiten, aber noch pro 100 g Zitronenstücke 1 TL grüne Pfefferkörner (im Mörser zerstoßen) mit Zitrone und Zucker aufkochen. Nach dem Pürieren das Mus abkühlen lassen und pro 100 g Mus 2 TL Kastanienhonig unterrühren. Schmeckt zu gegrilltem Hähnchen, Lammkoteletts und zu Käse (hier 1 kleines Sträußchen Thymian, Rosmarin, Lavendel und Salbei fein hacken und unter 4 EL Zitronen-Honig-Mus mischen).

KONFITÜREN

Massimo kocht seine Konfitüre aus der Maische des Dolcetto. Und er erzählt, dass diese früher von den »signori anziani« gemacht wurde, den alten Herren, die im Weinkeller den Ofen beständig schürten. Der Keller mit dem Traubenmost brauchte eine exakte Temperatur, damit der Gärprozess beginnen konnte. Und weil die Signori etwas mehr tun wollten als nur schüren, haben sie auf dem Ofen die Maische zu musartiger Konfitüre eingekocht. Leider haben wir keine Maische und auch keine Signori, also nehmen wir einfach Dolcetto pur.

Confettura di mele, pere e prugne

Konfitüre mit Äpfeln, Birnen und Zwetschgen

Für 8 Twist-off-Gläser
(je ca. ¼ l Inhalt)
Zubereitungszeit: ca. 35 Min.
Ruhezeit: ca. 1 Std.
Pro Glas: ca. 350 kcal

¼ l Dolcetto (ersatzweise ein anderer trockener Rotwein)
1 Zimtstange
1 Sternanis
250 g Äpfel
250 g feste Birnen
300 g Zwetschgen
1 Bio-Orange
500 g Gelierzucker 2:1
50 g Haselnüsse
3 EL Haselnussgeist

1 Dolcetto mit Zimtstange und Sternanis in einem großen Topf aufkochen, vom Herd nehmen, ca. 10 Min. ziehen lassen. In der Zeit Äpfel und Birnen schälen, vierteln, entkernen und in dünne Spalten schneiden. Zwetschgen waschen, halbieren, entsteinen und ebenfalls in Spalten schneiden.

2 Die vorbereiteten Früchte zum Dolcetto in den Topf geben. Die Orange heiß waschen und abtrocknen, die Schale fein abreiben und den Saft auspressen. Beides mit dem Gelierzucker ebenfalls in den Topf geben und alles gut durchrühren. Die Mischung ca. 1 Std. ziehen lassen.

3 Dann die Gläser gründlich heiß auswaschen und gut abtropfen lassen. Die Haselnüsse in einer Pfanne ohne Fett rösten, bis sie zu duften beginnen und goldbraun sind. Kurz abkühlen lassen und grob hacken.

4 Topf auf den Herd stellen und die Früchtemischung unter ständigem Rühren aufkochen lassen, dann noch 3–4 Min. köcheln lassen. Gelierprobe machen: ein bisschen Konfitüre auf ein Tellerchen geben. Wird sie gleich fest, ist die Konfitüre abfüllbereit, sonst noch kurz weiterkochen lassen.

5 Die Haselnüsse und den Haselnussgeist zur Konfitüre geben und unterrühren, Zimt und Anis entfernen. Konfitüre in die Gläser füllen und gut verschließen. Nach Wunsch noch kurz auf den Kopf stellen, dann wieder umdrehen. Konfitüre an einem dunklen kühlen Ort aufbewahren. Haltbarkeit: mindestens 1 Jahr. Passt sehr gut zu Käse.

Formaggi

Selbst gemachter Käse – da stellt man sich jede Menge Aufwand vor. Mal ganz zu schweigen von den Zutaten, die man braucht. Labtabletten gibt es nur im Reformhaus. Und dazu kosten sie eine Kleinigkeit. Hier ein ganz simples Rezept, für das man nur Milch und Zitronen braucht, um daraus einen wunderbar lockeren Käse herstellen zu können.

Formaggio fatto in casa

Hausgemachter Frischkäse

Für ca. 500 g Käse
Zubereitungszeit: ca. 30 Min.
(+ Abtropfzeit)
Pro Portion: ca. 1940 kcal

3 l Vollmilch
frisch gepresster Saft von
  2 Zitronen

1 Die Milch unter Rühren in einem großen Topf zum Kochen bringen. Dann den Zitronensaft dazugeben und weiterrühren, bis die Milch gerinnt. Es sind kleine, weiße Flocken und Milchwasser, die übrig bleiben.

2 Ein großes Sieb mit einem Küchen- oder Mulltuch auslegen und die Flocken und das Milchwasser hineingießen. Das macht man am besten im Spülbecken, da kann das Wasser gut abfließen.

3 Im Sieb sammelt sich nun der Frischkäse. Das Tuch dann entweder über dem Käse zusammenfassen und nach und nach immer weiter eindrehen, sodass auch die letzte Flüssigkeit noch abtropfen kann. Oder das Tuch nur locker zusammenbinden und den Käse im Sieb so lange weiter abtropfen lassen, bis er die gewünschte Konsistenz hat.

4 Den Käse frisch verarbeiten (passt zu grünem Spargel, gegrillten Paprikaschoten, Tomatensalat, …) oder einlegen (siehe unten).

Variante – eingelegter Frischkäse: Die Käsemasse zu pralinengroßen Kugeln zusammenpressen. Die Frischkäsekugeln in wenig Salz wälzen und ca. 1 Std. auf einem Küchentuch liegen lassen. Dann 1 kleines Bund gemischte Kräuter (Salbei, Thymian, Lavendel, Rosmarin) abbrausen, trocken schütteln und in grobe Stücke schneiden. 3 kleine rote Peperoni waschen, entstielen und grob schneiden. Alles in ein großes Glas schichten und mit Olivenöl bedecken. Gut verschließen. Haltbarkeit: ca. ½ Jahr.

Formaggio di capra con le erbe
Junger Ziegenkäse mit Kräutern

Wenn ich den kleinen Weg vor unserem Haus hinaufgehe, stehen rechts und links jede Menge Kräuter: Zitronenmelisse, Pfefferminze, Pimpernelle, Sauerampfer, Lavendel. All diese herrlichen Aromaten passen perfekt zu jungem Ziegenkäse und werden mit frisch gepresstem Orangensaft zu einer schönen Marinade vermischt. Und damit diese mit dem zarten Käse auch harmoniert, darf die Würzkraft der Kräuter nicht zu stark sein, weswegen sie sparsam eingesetzt werden.

Für 4 Personen
Zubereitungszeit: ca. 15 Min.
Pro Portion: ca. 260 kcal

2 Zweige Thymian
je 10 Schnittlauchstängel, Lavendel- und Rosmarinblättchen
je 4 Sauerampfer- und Pimpernelleblätter
je 2 Minze- und Melisseblätter
1 Salbeiblatt
frisch gepresster Saft von 1 Orange
5 EL Olivenöl
Salz | Pfeffer aus der Mühle
4 kleine Ziegenfrischkäse (je 50 g)

1 Die Kräuter abbrausen und trocken tupfen, die Thymianblättchen von den Zweigen zupfen. Alle Kräuter sehr fein hacken. Mit dem Orangensaft und dem Olivenöl vermischen, mit Salz und Pfeffer würzen.

2 Die Ziegenkäse auf Tellern anrichten und mit der Marinade übergießen. Kurz ziehen lassen, dann servieren.

Tipp: Besonders hübsch sehen diese kleinen Ziegenkäse aus, wenn man sie auf dem Teller noch mit ein paar essbaren Blüten oder Blütenblättchen dekoriert. Wählen Sie nach Lust, Laune und Saison aus. Ich nehme sehr gerne Ringelblumen. Es gibt aber auch noch Kapuzinerkresse, Borretsch, Gänseblümchen, Malve.

Formaggio gratinato con miele di castagno
Gratinierter Schafskäse mit Kastanienhonig

Für den »Miele di castagno« sammeln Bienen die Pollen aus den Blüten der Esskastanie. Der Honig hat eine dunkle Farbe, fast wie Bernstein, und ist ein wenig herb. Dank ihm wird der Käse fein karamellisiert.

Für 4 Personen
Zubereitungszeit: ca. 30 Min.
Pro Portion: ca. 110 kcal

2 kleine Schafskäse (je 60 g)
2–3 EL Kastanienhonig (ersatzweise herber Waldhonig)

1 Den Grill des Backofens vorheizen. Den Schafskäse horizontal halbieren und jeweils mit einer Schnittfläche nach oben in ofenfeste Förmchen legen.

2 Den Käse mit dem Kastanienhonig beträufeln und unterm Grill (oben) ca. 10 Min. gratinieren, bis eine goldbraune Karamellkruste entstanden ist. Sofort servieren.

Tipp: Statt in normale Förmchen kann man den Käse auch in leere Schalen von Jakobsmuscheln setzen und darin gratinieren.

FORMAGGIO
Käse

Der große Stern an Italiens Käsehimmel ist und bleibt der Parmesan. Auch wenn immer mal wieder jemand glaubt, es ihm gleichzutun, kommt doch keiner an seinen Geschmack wirklich ran. Und egal, ob hauchdünn gehobelt, grob geraspelt oder fein gerieben – er macht aus so manchem Aschenbrödel einen schönen Schwan.

Neben dem Parmesan haben es noch der Mozzarella, der Gorgonzola und der Ricotta geschafft, weltweit berühmt zu werden.

Anders ist es da schon bei den Käsesorten, die in der kleinen »Cascina Raflazz« in der Alta Langa hergestellt werden. Nur zehn Kilometer von Ceva entfernt wird hier produziert, was am Wochenende auf dem Markt von Mondovì zu kaufen ist.

Die 60 eigenen Schafe, die sich vom guten piemontesischen Gras ernähren, liefern die Grundlage für den »Murazzano DOP« und den »Tuma di pecora di Langa«, die die Familie Adami ausschließlich in Handarbeit produzieren.

Der Käse wird in Raflazz nur jeden Montag, Mittwoch und Freitag gemacht.

»Jetzt im Sommer haben wir viel Milch«, sagt die Signora. »Unsere Käselager sind voll. Anders als im Winter, wenn die Schafe trächtig sind.«

Nachdem die weiche Käsemasse mit einem großen Rechen in kleine Würfel zerteilt und in die Formen gefüllt wurde, wird als Abfallprodukt die flüssige Molke abgepumpt und in einem großen Topf noch mal auf etwa 85 Grad erhitzt und zu Ricotta (von recoctus = erneut kochen) verarbeitet. Der noch fast warme Frischkäse, den die Signora für uns abschöpft, hat ein unvergleichliches Aroma. Da möchte man nie, nie mehr einen anderen, geschweige denn einen fertig abgepackten essen!

Schade eigentlich, sage ich, dass die Käse nur hier in der Region bekannt sind.

Da lächelt die Signiora verschmitzt. Na ja, meint sie, man liefere schon mal in die Schweiz, ein wenig auch nach Deutschland. Und sogar in die USA, verrät sie stolz. Ihr Käse hat es nämlich über den Slow-Food-Supermarkt »Eataly« bis nach New York geschafft. Und das heißt was!

Aber mehr Käse produzieren will man in Raflazz deshalb trotzdem nicht. Für zusätzliche Schafe reichen auch die Weideplätze nicht. Und Milch dazukaufen? Auf keinen Fall! Die Signora schüttelt den Kopf. Der Käse soll ja seine Qualität behalten, den kann man nicht in Masse produzieren.

»Preferiamo rimanere un segreto«, sagt sie uns lachend zum Abschied. Wir bleiben viel lieber ein Geheimtipp.

Gut so, denken wir, als wir am Abend den kräftigen, alten Castelmagno mit einem Stück Brot und einem Schlückchen Barolo kosten.

Der »Murazzano DOP«, den Signora Anna herstellt, wird aus der Milch des Langhe-Schafs gewonnen. Die Palette köstlicher Piemonteser DOP-Käse ist groß: vom frischen, weichen Robiola, dem milden Raschera über den kräftigen, leicht krümeligen Castelmagno bis hin zum harten pikanten Bra.

FINALE

»Quando sei ritornata?«, fragt mich Mauro. Er steht hinter der Lebensmitteltheke, die voll mit den köstlichsten Dingen ist.

»Mercoledì«, sage ich. Dann zeigt er mit seinem Finger auf eine große, weiße flauschige Kugel, die ich schon fixiere, seit ich seinen »Alimentari« betrat.

»Ricotta di pecora.« Er führt seine zum »O« geformten Finger zum Mund und küsst sie. »Buonissima!«

Natürlich kann ich nicht widerstehen. Er weiß es genau! Fast andächtig befreit er den Schafsmilch-Ricotta aus seiner durchsichtigen Hülle, nimmt ein langes Messer und schneidet in selbstsicherer Langsamkeit eine Scheibe Käse ab.

»Tagliare?«, fragt er und zeigt auf die Käsescheibe.

Um Himmels willen, nein! Es ist fast sinnlich, wie Mauro mit diesem herrlichen Ricotta umgeht.

Und in diesem Moment wird mir klar, was das wirkliche Geheimnis der italienischen Küche ist. Es ist die Liebe zu den Dingen, der Stolz auf das, was man tut.

Und da schließen sich die Kreise: Denn Liebe, Stolz und Leidenschaft sind auch das Geheimnis der kreativen Küche. Nur wer leidenschaftlich liebt, was er kreiert, wird im Kleinen und Großen Dinge schaffen, die einfach und gut sind.

Mit diesen Gedanken verlasse ich Mauros Laden und dabei kommen mir seine Worte, seine Frage noch einmal in den Sinn.

»Sei ritornata?«, hat er mich gefragt. Bist du zurückgekehrt? Und nicht, bist du wieder da?

Komm doch mal wieder, sagt man zu Gästen. Aber zurückkehren? Man kehrt zu etwas zurück, zu dem man auch gehört. Zurück kehrt man in eine Heimat.

REGISTER

Register deutsch

Damit Sie Rezepte mit bestimmten Zutaten noch schneller finden können, stehen in diesem Register zusätzlich auch beliebte Zutaten wie **Käse** und **Tomaten** – ebenfalls alphabetisch geordnet und hervorgehoben – über den entsprechenden Rezepten.

Aceto-balsamico-Champignons 62
Amaretti
  Erdbeeren mit Amaretti und Zitronenmus 209
  Kürbisflan mit Amaretti 46
Äpfel: Konfitüre mit Äpfeln, Birnen und Zwetschgen 220
Artischocken
  Junge Artischocken mit Tomaten und Knoblauch-Schnittlauch-Mayonnaise 32
  Schwertfischcarpaccio 35
Auberginen
  Auberginen-Ricotta-Füllung 103
  Auberginenröllchen mit Schwertfisch 51
  Kandierte Auberginen mit Schweinelendchen 163
  Kotelett vom Grill mit Gemüse 158
  Polentatörtchen 174
Avocado: Schräger Tomatenpudding 44

Bandnudeln mit Butter und Petersilie 113
Barolo 176
  Rinderbraten »al Barolo« 161
Basilikum
  Basilikumpesto 68
  Feigentarte mit Torronecreme und Basilikumgelee 214
  Granita Basilico 64
  Lasagne mit Basilikumpesto 106
  Rigatoni mit frischer Tomatensauce 115
Beeren
  Erdbeeren mit Amaretti und Zitronenmus 209
  Hausgemachtes Vanilleeis mit schwarzer Lavendelsalsa 196
  Kleine Windbeutel mit Erdbeeren 206
  Panna cotta mit Walderdbeeren 204
  Schokoladensünde 210
  Beschwipstes Feigenkompott 216

Birnen: Konfitüre mit Äpfeln, Birnen und Zwetschgen 220
Bohnen
  Crostini mit weißer Bohnencreme 18
  Einfache Bohnensuppe mit Petersiliensalsa 83
  Geschmorter Fleischtopf mit Pesto 155
  Kalbsleber mit Bohnenpüree und Röstzwiebeln 162
  Kalbsleber mit Püree aus schwarzen Bohnen 162
  Zitronen-Thymian-Suppe mit Dicken Bohnen 82
Braten von der Hähnchenbrust 150
Bratwürste
  Geschmorter Fleischtopf mit Pesto 155
  Schmortopf mit Dolcetto, Bratwurst und Fenchel 152
Brot
  Hausgemachtes Weißbrot 84
  Röstbrot nach Art des Hauses 43
  Tomatenbrot 43
  Würzige Steinpilzsuppe mit Brot 78
Bunte Gemüsesuppe nach Art des Hauses 80
Butter
  Bandnudeln mit Butter und Petersilie 113
  Polenta mit Butter, Sahne und Parmesan 172
  Salbeibutter 104

Cannelloni mit Hähnchen-Ricotta-Füllung 109
Carpaccio
  Champignoncarpaccio 36
  Rote-Bete-Carpaccio 36
  Schwertfischcarpaccio 35
  Steinpilzcarpaccio 63
Castelmagno
  Polentagnocchi 174
  Wilder grüner Spargel mit Erbsen 48
Champignons
  Aceto-balsamico-Champignons 62
  Cannelloni mit Hähnchen-Ricotta-Füllung 109
  Champignoncarpaccio 36
  Kotelett vom Grill mit Gemüse 158
  Räucherlachs mit Erdbeeren und weißem Pfeffer 38

Costata mit Knoblauchöl 167
Crostini-Variationen
  Crostini mit Lebercreme 18
  Crostini mit Sardellen und Tomaten 18
  Crostini mit Schinkercreme 18
  Crostini mit weißer Bohnencreme 18

Dicke Bohnen: Zitronen-Thymian-Suppe mit Dicken Bohnen 82
Dolcetto
  Beschwipstes Feigenkompott 216
  Hausgemachtes Vanilleeis mit schwarzer Lavendelsalsa 196
  Konfitüre mit Äpfeln, Birnen und Zwetschgen 220
  Schmortopf mit Dolcetto, Bratwurst und Fenchel 152
Doraden
  Dorade aus dem Backofen 139
  Fischsuppe 130
Dreierlei Feigenkonfitüren 216

Eier
  Bandnudeln mit Butter und Petersilie 113
  Hausgemachtes Vanilleeis mit schwarzer Lavendelsalsa 196
  Kleine Windbeutel mit Erdbeeren 206
  Marias Nusskuchen 212
  Semifreddo mit Feigen 194
  Vanillecreme mit Mandeln mit Kiwisauce 198
  Zucchinitorte nach Großmutter Carlas Art 30
Einfache Bohnensuppe mit Petersiliensalsa 83
Eingelegter Frischkäse 225
Erbsen
  Spargel mit Erbsen und Morcheln 48
  Wilder grüner Spargel mit Erbsen 48
Erdbeeren
  Erdbeeren mit Amaretti und Zitronenmus 209
  Kleine Windbeutel mit Erdbeeren 206
  Panna cotta mit Walderdbeeren 204
  Räucherlachs mit Erdbeeren und weißem Pfeffer 38
Esskastanien: Geschmorter Fleischtopf mit Pesto 155

232

Falsches Vitello tonnato   65
Feigen
   Beschwipstes Feigenkompott   216
   Dreierlei Feigenkonfitüren   216
   Feigenhähnchen   151
   Feigentarte mit Torronecreme und Basilikumgelee   214
   Risotto mit Lardo, Feigen und Rosmarin   118
   Salami mit Feigen   62
   Semifreddo mit Feigen   194
   Zuckerfrüchte   196
Feines Kalbfleischtatar   38
Fenchel
   Gemüse der Saison mit warmer Sardellen-Knoblauch-Sauce   144
   Salat aus gemischten Zitrusfrüchten   40
   Schmortopf mit Dolcetto, Bratwurst und Fenchel   152
   Thunfisch auf Fenchelsalat   132
Fisch
   Fisch-Ricotta-Füllung   103
   Fischsuppe   130
   Frittierte Fische und Meeresfrüchte   140
Focaccia mit Kartoffeln, Kirschtomaten und Oregano   90
Frischkäse
   Eingelegter Frischkäse   225
   Hausgemachter Frischkäse   225
   Paprika mit Sardellen   49
Frittata: Spinatfrittata   17
Frittierte Fische und Meeresfrüchte   140

Garnelen
   Fischsuppe   130
   Frittierte Fische und Meeresfrüchte   140
   Riesengarnelen mit Zitronen-Knoblauch-Sauce   132
   Schräger Tomatenpudding   44
Gebratene Jakobsmuscheln   64
Gebratene Möhrchen   63
Gebratene Zucchini mit Lavendel   65
Gefüllte Tintenfische   134
Gefüllte Zucchiniblüten   28
Gegrillte Polenta   172
Gemüse
   Bunte Gemüsesuppe nach Art des Hauses   80
   Gemüse der Saison mit warmer Sardellen-Knoblauch-Sauce   144
   Kotelett vom Grill mit Gemüse   158
Geröstete Nüsse mit Knoblauch, Peperoni und Rosmarin   17

Geschmorter Fleischtopf mit Pesto   155
Gestampfte Kartoffeln mit schwarzen Linsen   171
Getrüffeltes Polentapüree   172
Gnocchi: Polentagnocchi   174
Gorgonzola
   Cannelloni mit Hähnchen-Ricotta-Füllung   109
   Gorgonzolasauce à la Vittorio   104
Granita
   Granita Basilico   64
   Wassermelonengranita   196
Gratinierter Schafskäse mit Kastanienhonig   226
Grüne Tomatensuppe   79

Hackfleisch
   Bunte Gemüsesuppe nach Art des Hauses   80
   Tagliatelle mit Hackklößchen   116
Hähnchen
   Braten von der Hähnchenbrust   150
   Cannelloni mit Hähnchen-Ricotta-Füllung   109
   Feigenhähnchen   151
   Rosmarinhähnchen   148
Haselnüsse
   Konfitüre mit Äpfeln, Birnen und Zwetschgen   220
   Marias Nusskuchen   212
   Hausgemachter Frischkäse   225
   Hausgemachtes Vanilleeis mit schwarzer Lavendelsalsa   196
   Hausgemachtes Weißbrot   84
Heidelbeeren: Schokoladensünde   210
Himbeeren: Koteletts vom Lammrücken mit Himbeeren   164
Honig
   Gratinierter Schafskäse mit Kastanienhonig   226
   Pfeffriges Zitronen-Honig-Mus   219
Honigmelone: Grüne Tomatensuppe   79

Ingwer: Papayasalat   41

Jakobsmuscheln: Gebratene Jakobsmuscheln   64
Junge Artischocken mit Tomaten und Knoblauch-Schnittlauch-Mayonnaise   32
Junger Ziegenkäse mit Kräutern   226

Kaki: Süße Caprese   200
Kalbfleisch: Feines Kalbfleischtatar   38

Kalbsleber
   Kalbsleber mit Bohnenpüree und Röstzwiebeln   162
   Kalbsleber mit Püree aus schwarzen Bohnen   162
   Kalbsschnitzel: Schnitzelchen auf Vandas Art   156
   Kandierte Auberginen mit Schweinelendchen   163
Kartoffeln
   Dorade aus dem Backofen   139
   Focaccia mit Kartoffeln, Kirschtomaten und Oregano   90
   Gemüse der Saison mit warmer Sardellen-Knoblauch-Sauce   144
   Gestampfte Kartoffeln mit schwarzen Linsen   171
   Rosmarinkartoffeln   170
   Zerdrückte Kartoffeln   171
Käse   228
   Auberginen-Ricotta-Füllung   103
   Auberginenröllchen mit Schwertfisch   51
   Braten von der Hähnchenbrust   150
   Cannelloni mit Hähnchen-Ricotta-Füllung   109
   Eingelegter Frischkäse   225
   Feigentarte mit Torronecreme und Basilikumgelee   214
   Fisch-Ricotta-Füllung   103
   Focaccia mit Kartoffeln, Kirschtomaten und Oregano   90
   Gefüllte Tintenfische   134
   Gefüllte Zucchiniblüten   28
   Gegrillte Polenta   172
   Getrüffeltes Polentapüree   172
   Gratinierter Schafskäse mit Kastanienhonig   226
   Hausgemachter Frischkäse   225
   Junger Ziegenkäse mit Kräutern   226
   Lasagne mit Basilikumpesto   106
   Leber-Ricotta-Füllung   103
   Paprika mit Sardellen   49
   Pizza mit Crumble, Spinat und Tomaten   89
   Pizza mit Mascarpone und Sommertrüffeln   88
   Polenta mit Butter, Sahne und Parmesan   172
   Polentagnocchi   174
   Polentatörtchen   174
   »Salatcaprese«   41
   Sonntagspizza nach Art des Hauses   88
   Tagliatelle mit Hackklößchen   116
   Tomatentarte   30

Wilder grüner Spargel mit Erbsen 48
Zucchinitorte nach Großmutter
  Carlas Art 30
Kiwi: Vanillecreme mit Mandeln und
  Kiwisauce 198
Kleine Windbeutel mit Erdbeeren 206
Knoblauch
  Bunte Gemüsesuppe nach Art des
    Hauses 80
  Costata mit Knoblauchöl 167
  Dorade aus dem Backofen 139
  Fischsuppe 130
  Gemüse der Saison mit warmer Sardellen-
    Knoblauch-Sauce 144
  Geröstete Nüsse mit Knoblauch, Peperoni
    und Rosmarin 17
  Geschmorter Fleischtopf mit Pesto 155
  Junge Artischocken mit Tomaten und
    Knoblauch-Schnittlauch-Mayonnaise 32
  Knoblauchcreme 158
  Kotelett vom Grill mit Gemüse 158
  Riesengarnelen mit Zitronen-Knoblauch-
    Sauce 132
  Rosmarinhähnchen 148
  Schmortopf mit Dolcetto, Bratwurst
    und Fenchel 152
  Sonntagspizza nach Art des Hauses 88
  Spaghetti mit Knoblauchöl und
    Peperoni 113
  Spaghetti mit Vongole und getrockneten
    Steinpilzen 114
Kokoscreme 199
Konfitüre mit Äpfeln, Birnen und
  Zwetschgen 220
Koriandergrün
  Gefüllte Tintenfische 134
  Papayasalat 41
  Kotelett vom Grill mit Gemüse 158
  Koteletts vom Lammrücken mit
    Himbeeren 164
Kräuter
  Eingelegter Frischkäse 225
  Junger Ziegenkäse mit Kräutern 226
  Kotelett vom Grill mit Gemüse 158
  Rinderbraten »al Barolo« 161
Kürbis
  Geschmorter Fleischtopf mit Pesto 155
  Kürbis mit Pesto 46
  Kürbisflan mit Amaretti 46

Lamm: Koteletts vom Lammrücken mit
  Himbeeren 164
Lardo 62
  Rinderbraten »al Barolo« 161
  Risotto mit Lardo, Feigen und
    Rosmarin 118

Lasagne mit Basilikumpesto 106
Lavendel
  Gebratene Zucchini mit Lavendel 65
  Hausgemachtes Vanilleeis mit schwarzer
    Lavendelsalsa 196
  Junger Ziegenkäse mit Kräutern 226
Leber
  Crostini mit Lebercreme 18
  Kalbsleber mit Bohnenpüree und
    Röstzwiebeln 162
  Kalbsleber mit Püree aus schwarzen
    Bohnen 162
  Leber-Ricotta-Füllung 103
  Linsen: Gestampfte Kartoffeln mit
    schwarzen Linsen 171

Mandeln: Vanillecreme mit Mandeln
  und Kiwisauce 198
Mangold: Braten von der Hähnchen-
  brust 150
Marias Nusskuchen 212
Maronen: Geschmorter Fleischtopf
  mit Pesto 155
Mascarpone
  Feigentarte mit Torronecreme und
    Basilikumgelee 214
  Gefüllte Tintenfische 134
  Pizza mit Mascarpone und Sommer-
    trüffeln 88
  Zucchinitorte nach Großmutter
    Carlas Art 30
Mayonnaise: Junge Artischocken mit
  Tomaten und Knoblauch-Schnittlauch-
  Mayonnaise 32
Meeresfrüchte: Frittierte Fische und
  Meeresfrüchte 140
Mohn: Safran-Mohn-Sauce 104
Möhren
  Gebratene Möhrchen 63
  Gemüse der Saison mit warmer Sardellen-
    Knoblauch-Sauce 144
  Rinderbraten »al Barolo« 161
Morcheln: Spargel mit Erbsen und
  Morcheln 48
Mortadella mit Pistazien 63
Mozzarella
  Focaccia mit Kartoffeln, Kirschtomaten
    und Oregano 90
  Lasagne mit Basilikumpesto 106
  Pizza mit Mascarpone und Sommer-
    trüffeln 88
  Polentatörtchen 174
  »Salatcaprese« 41
  Sonntagspizza nach Art des
    Hauses 88
  Tagliatelle mit Hackklößchen 116

Nudelfüllungen
  Auberginen-Ricotta-Füllung 103
  Fisch-Ricotta-Füllung 103
  Leber-Ricotta-Füllung 103
Nudelsaucen
  Gorgonzolasauce à la Vittorio 104
  Safran-Mohn-Sauce 104
  Salbeibutter 104
  Tomaten-Steinpilz-Sauce 104
Nudelteig: Selbst gemachter Nudelteig 100
Nüsse
  Geröstete Nüsse mit Knoblauch,
    Peperoni und Rosmarin 17
  Konfitüre mit Äpfeln, Birnen und
    Zwetschgen 220
  Marias Nusskuchen 212

Ochsenschwanz: Rinderbraten
  »al Barolo« 161
Oliven
  Dorade aus dem Backofen 139
  Geschmorter Fleischtopf mit Pesto 155
  Salat aus gemischten Zitrusfrüchten 40
  Tagliatelle mit Hackklößchen 116
Olivenöl 54
  Basilikumpesto 68
  Eingelegter Frischkäse 225
  Gemüse der Saison mit warmer Sardellen-
    Knoblauch-Sauce 144
  Petersilienpesto 69
  Scharfes rotes Pesto 69
  Spaghetti mit Knoblauchöl und
    Peperoni 113
Orangen: Schokoladensünde 210
Oregano: Focaccia mit Kartoffeln,
  Kirschtomaten und Oregano 90

Panna cotta
  Panna cotta mit Walderdbeeren 204
  Trüffel-Panna-cotta 55
Papayasalat 41
Paprika mit Sardellen 49
Paprikaschoten
  Gefüllte Zucchiniblüten 28
  Gemüse der Saison mit warmer Sardellen-
    Knoblauch-Sauce 144
  Kotelett vom Grill mit Gemüse 158
Parmesan
  Gegrillte Polenta 172
  Getrüffeltes Polentapüree 172
  Polenta mit Butter, Sahne und
    Parmesan 172
  Polentagnocchi 174
  Polentatörtchen 174

Peperoni
- Feigenhähnchen 151
- Geröstete Nüsse mit Knoblauch, Peperoni und Rosmarin 17
- Peperoni gefüllt mit Sardellen 52
- Scharfes rotes Pesto 69
- Spaghetti mit Knoblauchöl und Peperoni 113

Pesto
- Basilikumpesto 68
- Geschmorter Fleischtopf mit Pesto 155
- Kürbis mit Pesto 46
- Lasagne mit Basilikumpesto 106
- Petersilienpesto 69
- Polentatörtchen 174
- Roastbeef mit Pesto 64
- Scharfes rotes Pesto 69

Petersilie
- Bandnudeln mit Butter und Petersilie 113
- Petersilienpesto 69
- Riesengarnelen mit Zitronen-Knoblauch-Sauce 132
- Scharfes rotes Pesto 69
- Spaghetti mit Vongole und getrockneten Steinpilzen 114
- Tomatensalat aus »Goldäpfeln« 41

Pfeffer: Räucherlachs mit Erdbeeren und weißem Pfeffer 38
Pfeffriges Zitronen-Honig-Mus 219

Pinienkerne
- Auberginenröllchen mit Schwertfisch 51
- Basilikumpesto 68
- Lasagne mit Basilikumpesto 106
- Tomatentarte 30

Pistazien: Mortadella mit Pistazien 63

Pizzas
- Pizza mit Crumble, Spinat und Tomaten 89
- Pizza mit Mascarpone und Sommertrüffeln 88
- Pizzateig 86
- Sonntagspizza nach Art des Hauses 88

Polenta
- Gegrillte Polenta 172
- Getrüffeltes Polentapüree 172
- Polenta mit Butter, Sahne und Parmesan 172
- Polentagnocchi 174
- Polentatörtchen 174

Portwein: Semifreddo mit Feigen 194
Prosecco: Feigentarte mit Torronecreme und Basilikumgelee 214
Pudding: Schräger Tomatenpudding 44

Raschera: Zucchinitorte nach Großmutter Carlas Art 30
Räucherlachs mit Erdbeeren und weißem Pfeffer 38

Ricotta
- Auberginen-Ricotta-Füllung 103
- Auberginenröllchen mit Schwertfisch 51
- Braten von der Hähnchenbrust 150
- Cannelloni mit Hähnchen-Ricotta-Füllung 109
- Fisch-Ricotta-Füllung 103
- Gefüllte Zucchiniblüten 28
- Leber-Ricotta-Füllung 103
- Tomatentarte 30
- Zucchinitorte nach Großmutter Carlas Art 30

Riesengarnelen mit Zitronen-Knoblauch-Sauce 132
Rigatoni mit frischer Tomatensauce 115
Rinderbraten »al Barolo« 161

Rindfleisch
- Bunte Gemüsesuppe nach Art des Hauses 80
- Costata mit Knoblauchöl 167
- Geschmorter Fleischtopf mit Pesto 155
- Rinderbraten »al Barolo« 161
- Roastbeef mit Pesto 64
- Risotto mit Lardo, Feigen und Rosmarin 118

Roastbeef mit Pesto 64

Rosmarin
- Geröstete Nüsse mit Knoblauch, Peperoni und Rosmarin 17
- Junger Ziegenkäse mit Kräutern 226
- Risotto mit Lardo, Feigen und Rosmarin 118
- Rosmarinhähnchen 148
- Rosmarinkartoffeln 170
- Schnitzelchen auf Vandas Art 156

Röstbrot nach Art des Hauses 43
Rote-Bete-Carpaccio 36

Safran-Mohn-Sauce 104

Sahne
- Erdbeeren mit Amaretti und Zitronenmus 209
- Feigentarte mit Torronecreme und Basilikumgelee 214
- Gegrillte Polenta 172
- Getrüffeltes Polentapüree 172
- Hausgemachtes Vanilleeis mit schwarzer Lavendelsalsa 196
- Kleine Windbeutel mit Erdbeeren 206
- Kokoscreme 199
- Marias Nusskuchen 212
- Panna cotta mit Walderdbeeren 204
- Polenta mit Butter, Sahne und Parmesan 172
- Polentagnocchi 174
- Polentatörtchen 174
- Schokoladensünde 210
- Süße Caprese 200
- Trüffel-Panna-cotta 65
- Vanillecreme mit Mandeln und Kiwisauce 198

Salami
- Einfache Bohnensuppe mit Petersiliensalsa 83
- Salami mit Feigen 62
- Sonntagspizza nach Art des Hauses 88

Salat aus gemischten Zitrusfrüchten 40
»Salatcaprese« 41

Salatgurke
- Gemüse der Saison mit warmer Sardellen-Knoblauch-Sauce 144
- Grüne Tomatensuppe 79

Salbei
- Polentagnocchi 174
- Salbeibutter 104

Salsicce: Schmortopf mit Dolcetto, Bratwurst und Fenchel 152

Sardellen
- Crostini mit Sardellen und Tomaten 18
- Fischsuppe 130
- Frittierte Fische und Meeresfrüchte 140
- Gemüse der Saison mit warmer Sardellen-Knoblauch-Sauce 144
- Paprika mit Sardellen 49
- Peperoni gefüllt mit Sardellen 52
- Petersilienpesto 69

Schafskäse
- Gefüllte Tintenfische 134
- Gratinierter Schafskäse mit Kastanienhonig 226
- Paprika mit Sardellen 49
- Scharfes rotes Pesto 69

Schinken
- Braten von der Hähnchenbrust 150
- Crostini mit Schinkencreme 18
- Gefüllte Zucchiniblüten 28
- Sonntagspizza nach Art des Hauses 88
- Tomatentarte 30

Schmortopf mit Dolcetto, Bratwurst und Fenchel 152

Schnittlauch
- Junge Artischocken mit Tomaten und Knoblauch-Schnittlauch-Mayonnaise 32
- Junger Ziegenkäse mit Kräutern 226
- Koteletts vom Lammrücken mit Himbeeren 164

Schnitzelchen auf Vandas Art   156
Schokoladensünde   210
Schräger Tomatenpudding   44
Schweinefleisch
   Geschmorter Fleischtopf mit Pesto   155
   Kandierte Auberginen mit Schweinelendchen   163
Schwertfisch
   Auberginenröllchen mit Schwertfisch   51
   Schwertfischcarpaccio   35
Selbst gemachter Nudelteig   100
Sellerie: Gemüse der Saison mit warmer Sardellen-Knoblauch-Sauce   144
Semifreddo mit Feigen   194
Sesam: Thunfisch auf Fenchelsalat   132
Sonntagspizza nach Art des Hauses   88
Spaghetti mit Knoblauchöl und Peperoni   113
Spaghetti mit Vongole und getrockneten Steinpilzen   114
Spargel
   Spargel mit Erbsen und Morcheln   48
   Wilder grüner Spargel mit Erbsen   48
Spinat
   Cannelloni mit Hähnchen-Ricotta-Füllung   109
   Pizza mit Crumble, Spinat und Tomaten   89
   Spinatfrittata   17
Steinpilze
   Spaghetti mit Vongole und getrockneten Steinpilzen   114
   Steinpilzcarpaccio   63
   Tomaten-Steinpilz-Sauce   104
   Würzige Steinpilzsuppe mit Brot   78
Süße Caprese   200

Tagliatelle mit Hackklößchen   116
Tatar: Feines Kalbfleischtatar   38
Thunfisch auf Fenchelsalat   132
Thymian
   Junger Ziegenkäse mit Kräutern   226
   Zitronen-Thymian-Suppe mit Dicken Bohnen   82
Tintenfische
   Fischsuppe   130
   Frittierte Fische und Meeresfrüchte   140
   Gefüllte Tintenfische   134
Tomaten   70
   »Salatcaprese«   41
   Bunte Gemüsesuppe nach Art des Hauses   80
   Crostini mit Sardellen und Tomaten   18
   Dorade aus dem Backofen   139

Fischsuppe   130
Focaccia mit Kartoffeln, Kirschtomaten und Oregano   90
Geschmorter Fleischtopf mit Pesto   155
Grüne Tomatensuppe   79
Junge Artischocken mit Tomaten und Knoblauch-Schnittlauch-Mayonnaise   32
Kotelett vom Grill mit Gemüse   158
Pizza mit Crumble, Spinat und Tomaten   89
Polentatörtchen   174
Rigatoni mit frischer Tomatensauce   115
Rosmarinhähnchen   148
Röstbrot nach Art des Hauses   43
Schmortopf mit Dolcetto, Bratwurst und Fenchel   152
Schräger Tomatenpudding   44
Sonntagspizza nach Art des Hauses   88
Tagliatelle mit Hackklößchen   116
Tomaten-Steinpilz-Sauce   104
Tomatenbrot   43
Tomatenpüree von Carlo und Delfi   74
Tomatensalat aus »Goldäpfeln«   41
Tomatentarte   30
Würzige Steinpilzsuppe mit Brot   78
Topinambur: Gemüse der Saison mit warmer Sardellen-Knoblauch-Sauce   144
Torrone: Feigentarte mit Torronecreme und Basilikumgelee   214
Trüffel   120
   Getrüffeltes Polentapüree   172
   Pizza mit Mascarpone und Sommertrüffeln   88
   Trüffel-Panna-cotta   65

Vanille
   Beschwipstes Feigenkompott   216
   Hausgemachtes Vanilleeis mit schwarzer Lavendelsalsa   196
   Panna cotta mit Walderdbeeren   204
   Schokoladensünde   210
   Vanillecreme mit Mandeln und Kiwisauce   198
   Vitello Tonnato: Falsches Vitello tonnato   65
Vongole: Spaghetti mit Vongole und getrockneten Steinpilzen   114

Walderdbeeren: Panna cotta mit Walderdbeeren   204
Walnüsse
   Cannelloni mit Hähnchen-Ricotta-Füllung   109
   Scharfes rotes Pesto   69
Wassermelonengranita   196

Wein   176
Weintrauben: Zuckerfrüchte   196
Weißbrot: Hausgemachtes Weißbrot   84
Wilder grüner Spargel mit Erbsen   48
Würzige Steinpilzsuppe mit Brot   78

Zerdrückte Kartoffeln   171
Ziegenfrischkäse
   Junger Ziegenkäse mit Kräutern   226
   Pizza mit Crumble, Spinat und Tomaten   89
Zimt: Feigenhähnchen   151
Zitronen
   Zitronen-Thymian-Suppe mit Dicken Bohnen   82
   Eingelegter Frischkäse   225
   Erdbeeren mit Amaretti und Zitronenmus   209
   Hausgemachter Frischkäse   225
   Pfeffriges Zitronen-Honig-Mus   219
   Riesengarnelen mit Zitronen-Knoblauch-Sauce   132
   Zitronenmarmelade   219
   Zitronenmus   219
Zitrusfrüchte: Salat aus gemischten Zitrusfrüchten   40
Zucchini
   Gebratene Zucchini mit Lavendel   65
   Kotelett vom Grill mit Gemüse   158
   Zucchinitorte nach Großmutter Carlas Art   30
Zucchiniblüten
   Gefüllte Zucchiniblüten   28
   Zucchinitorte nach Großmutter Carlas Art   30
Zuckerfrüchte   196
Zwetschgen: Konfitüre mit Äpfeln, Birnen und Zwetschgen   220
Zwiebeln: Kalbsleber mit Bohnenpüree und Röstzwiebeln   162

Register italienisch

Hier finden Sie ausschließlich alle italienischen Rezepttitel in alphabetischer Reihenfolge aufgelistet.

Acquacotta   78
Arrosto di petti di pollo   150
Asparagi con piselli   48

Bagna càuda   144
Bagnetto verde   69
Biancomangiare al cocco   199
Brasato al Barolo   161
Bruschetta della casa   43
Budino di pomodori   44

Calamari ripieni   134
Cannelloni con pollo e ricotta   109
Caprese dolce   200
Carciofi con pomodori   32
Carne cruda   38
Carpaccio di barbabietola   36
Carpaccio di champignon   36
Carpaccio di pesce spada   35
Confettura di limoni   219
Confettura di mele, pere e prugne   220
Costata con aglio olio   167
Costolette di agnello con lamponi   164
Cotoletta grigliata con verdure   158
Crema di vaniglia con mandorle   198
Crostini   18
Crostone al pomodoro   43

Fegato di vitello con purè di fagioli neri   162
Fiori di zucchine ripieni   28
Flan di zucca   46
Focaccia   90
Formaggio di capra con le erbe   226
Formaggio fatto in casa   225
Formaggio gratinato con miele di castagno   226
Fragole con amaretti   209
Frittata di spinaci   17
Fritto misto   140

Gamberoni con salsa d'aglio e limone   132
Gelato fatto in casa   196
Gnocchi di polenta   174
Granita Basilico   64

Insalata del »pomo d'oro«   41
Insalata di agrumi   40
Insalata di papaya   41
Involtini di melanzane con pesce spada   51

La pasta per la pizza   86
Lasagne con pesto   106

Melanzane con scaloppine   163
Minestrone della casa   80

Noci tostate   17
Nudelsauce – viermal anders   104

Orata al forno   139

Pane bianco della casa   84
Panna cotta con fragoline di bosco   204
Passato di pomodori   74
Pasta fatta a mano   100
Pasta ripiena – gefüllte Nudeln   103
Patate al rosmarino   170
Patate schiacciate   171
Peccato di cioccolato   210
Peperoncini tondi ripieni   52
Peperoni con acciughe   49
Pesto alla Genovese   68
Pesto rosso piccante   69
Pizza »Crumble«   89
Pizza della casa   88
Polenta   172
Pollo con fichi   151
Pollo con rosmarino   148
Profiteroles con fragole   206
Purè di patate   171

Rigatoni con salsa di pomodori freschi   115
Risotto con lardo, fichi e rosmarino   118

Salmone affumicato con fragole   38
Scaloppine alla Vanda   156
Semifreddo con fichi   194
Spaghetti aglio olio con peperoncino   113
Spaghetti con vongole e porcini secchi   114
Stufato all'Adriana   152
Stufato con pesto   155

Tagliatelle con polpette   116
Tajarin con burro e prezzemolo   113
Tonno su finocchio   132
Torta di fichi   214
Torta di nocciole di Maria   212
Torta di pomodori   30
Torta di zucchini di nonna Carla   30
Tortino di polenta   174
Tre confetture di fichi   216

Zuppa di fagioli con bagnetto verde   83
Zuppa di fave con limone   82
Zuppa di pesce   130
Zuppa di pomodori verdi   79

Liebe Leser,

damit Sie den »italienischen Sommer« auch in Deutschland genießen können, habe ich fast all meine Rezepte in diesem Buch auch hier gekocht. Für Zutaten, die etwas schwerer zu bekommen sind, wurde (sofern möglich) ein Ersatz angegeben. Die Mengenangaben entsprechen aber weitgehend denen eines italienischen Menüs, mit kleineren Portionen als beim deutschen Hauptgericht.

In Italien sind Regeln und Rezepte eigentlich Vorschläge. Sie auch als Inspiration zu begreifen, kommt der italienischen Art zu kochen, zu leben, schon ein wenig näher.

Ich wünsche Ihnen viel Freude beim Lesen, Probieren und vor allem beim Genießen!

Danke

Meinem Verlag Gräfe und Unzer.

Für die Passion, mit der Dorothee Seeliger das Projekt auf den Weg gebracht, es gefördert und ihm schließlich seinen Namen gegeben hat.

Für Fortuna und meiner Redakteurin Sabine Sälzer. Sie ist für mich eine der Pioniere italienischer Kochbücher in Deutschland, hat viele andere kulinarische Themen mit ihrem großen Wissen und ihrer innovativen Art geprägt. Ihre Begeisterung für dieses Buch, ihre feinsinnige Begleitung hat es zu dem gemacht, was es ist.

Christina Kempe, die mit Adlerblick schnell, präzise und weitsichtig, jedes winzige, unstimmige Detail erkannt und das Buch in Form gebracht hat.

Grazie

Bruno und Vanda. Mit Euch hat es angefangen.

Karen Kloß, für die vielen Ratschläge, Dein großes Wissen und Deine Unterstützung. Für Deine Liebe zum Land, zu Walderdbeeren und kleinen Katern.

Adriana Perlo und Sante Sacco. Für diese weite Nähe und Großherzigkeit. Ihr seid die besten Nachbarn, die wir uns vorstellen können. Und natürlich Viviana und Andrea mit ihrem beeindruckenden Einsatz für winzige Wesen. Cristina für ihr Lächeln.

Sergio Giaccone für die Fürsorge und natürlich die Tartufi. Domenico Cannizzaro für die Freude bei ihm zu essen. Massimo Martinelli besonders für den Dolcetto. Stefano für sein Pane, Carlo und Delfi für ihre Geheimtipps. Cara sorella Ulrike fürs Probekochen, Michael für die Schrödersche Kochschule, Oliver für den Pizzaofen, dem Team von Hughes Varin für die ausgezeichneten Produkte. Und natürlich allen anderen deutschen und italienischen Freunden, die mich beim Tüfteln und Kochen, beim Suchen und beim Finden unterstützt haben.

Meinem Vater Helmut einfach für ihn. Charly fürs Träumen. Meiner Mutter fürs Strahlen.

Reinhart: »Das Leben ist eines der Schönsten!«

Appetit auf mehr?

 ISBN 978-3-8338-2198-1

 ISBN 978-3-8338-2199-8

 ISBN 978-3-8338-2203-2

 ISBN 978-3-8338-1922-3

www.gu.de: Blättern Sie in unseren Büchern, entdecken Sie wertvolle Hintergrundinformationen sowie unsere Neuerscheinungen.

Willkommen im Leben.

IMPRESSUM

Die Autorin und Fotografin

Gabriele Kunkel gründete nach dem Designstudium in Würzburg mit Kommilitonen die Agentur NeuLand. Seit 2000 lehrt sie als Professorin für Kommunikationsdesign an der Hochschule Hannover. Mit großer Begeisterung konzipiert und schreibt, gestaltet und fotografiert sie. Trotz vieler Reisen rund um den Globus landete sie doch meistens wieder in Italien. Eine große Leidenschaft war immer schon das Kochen. Und der Traum vom Süden. Um beides zu vereinen, begann vor Jahren gemeinsam mit ihrem Mann Reinhart eine Suche, die weitreichende Folgen hatte: ein Haus im Piemont, interessante Nachbarn, neue Freunde. Geniale Rezeptideen. Wunderschöne Fotografien.
Und nun: dieses Buch!

Der Foodfotograf

Klaus-Maria Einwanger setzt in seiner food art factory im Süden von München und in London Foodthemen mal stylisch, mal emotional um und schafft eine Atmosphäre, die Lust auf mehr macht. Für das Buch »Ein italienischer Sommer« fotografierte er die Rezepte mit traumwandlerischem Gespür für die Stimmung eines kulinarischen Sommers im Süden.

Das wunderbare Foodstyling übernahmen dabei Monika Schuster und Anka Köhler. Rund um Ausstattung, Styling und Requisite bewies Alexandra Holzer ihren Ideenreichtum.

Bildnachweis

Klaus Einwanger: Rezeptfotos auf den Seiten 16, 19, 29, 31, 33, 34, 37, 39, 40, 41, 42, 45, 47, 48, 49, 50, 62/63, 64/65, 68, 69, 78, 79, 81, 82, 83, 87, 88, 89, 91, 101, 102, 105, 107, 108, 112, 114, 115, 117, 119, 131, 133, 135, 138, 141, 145, 149, 150, 151, 153, 154, 157, 159, 160, 162, 163, 165, 166, 170, 171, 173, 175, 195, 197, 198, 199, 201, 205, 207, 208, 211, 213, 215, 217, 218, 221, 224, 227

Gabriele Kunkel: alle übrigen Fotos

Cover-Illustration: Lucile Prache, Paris

Syndication: www.jalag-syndication.de

Projektleitung: Sabine Sälzer

Lektorat/Satz/DTP: Redaktionsbüro Christian Kempe, München

Umschlaggestaltung und Innenlayout: Independent Medien-Design Horst Moser, München

Herstellung: Petra Roth

Schlusskorrektur: Petra Bachmann, Karen Kloß

Repro: Longo AG, Bozen

Druck Firmengruppe APPL, aprinta druck, Wemding

Bindung: Conzella, Pfarrkirchen

© 2012 GRÄFE UND UNZER VERLAG GmbH, München.

Alle Rechte vorbehalten. Nachdruck, auch auszugsweise, sowie Verbreitung durch Film, Funk, Fernsehen und Internet, durch fotomechanische Wiedergabe, Tonträger und Datenverarbeitungssysteme jeglicher Art nur mit schriftlicher Genehmigung des Verlages.

Umwelthinweis: Dieses Buch ist auf PEFC-zertifiziertem Papier aus nachhaltiger Waldwirtschaft gedruckt.

ISBN 978-3-8338-2519-4

2. Auflage 2012

Ein Unternehmen der
GANSKE VERLAGSGRUPPE

Unsere Garantie

Alle Informationen in diesem Ratgeber sind sorgfältig und gewissenhaft geprüft. Sollte dennoch einmal ein Fehler enthalten sein, schicken Sie uns das Buch mit dem entsprechenden Hinweis an unseren Leserservice zurück. Wir tauschen Ihnen den GU-Ratgeber gegen einen anderen zum gleichen oder ähnlichen Thema um.

Liebe Leserin und lieber Leser,

wir freuen uns, dass Sie sich für ein GU-Buch entschieden haben. Mit Ihrem Kauf setzen Sie auf die Qualität, Kompetenz und Aktualität unserer Ratgeber. Dafür sagen wir Danke! Wir wollen als führender Ratgeberverlag noch besser werden. Daher ist uns Ihre Meinung wichtig. Bitte senden Sie uns Ihre Anregungen, Ihre Kritik oder Ihr ob zu unseren Büchern. Haben Sie Fragen oder benötigen Sie weiteren Rat zum Thema? Wir freuen uns auf Ihre Nachricht!

Wir sind für Sie da!
Montag–Donnerstag:
8.00–18.00 Uhr;
Freitag: 8.00–16.00 Uhr
Tel.: 0180-5005054*
Fax: 0180-5012054*
E-Mail:
leserservice@graefe-und-unzer.de

PS: Wollen Sie noch mehr Aktuelles von GU wissen, dann abonnieren Sie doch unseren kostenlosen GU-Online-Newsletter und/oder unsere kostenlosen Kundenmagazine.

GRÄFE UND UNZER VERLAG
Leserservice
Postfach 86 03 13
81630 München

*(0,14 €/Min. aus dem dt. Festnetz/Mobilfunkpreise maximal 0,42 €/Min.)